朱書きでわか〔る〕

1歳児の指導計画ハンドブック

JN220698

CONTENTS

指導計画を、実践につなげるためのチェックポイント	2
乳児保育の基本を押さえよう	5
0・1・2歳児の発達を見通そう	6
指導計画立案にあたってのまとめ	10

年の計画

年の計画の立て方	12
表	14

月の計画

月の計画の立て方	18
4月	20
5月	22
6月	24
7月	26
8月	28
9月	30
10月	32
11月	34
12月	36
1月	38
2月	40
3月	42
途中入園児への配慮	44
参考 別様式例	46

一日の保育の流れ

一日の保育の流れの考え方	48
春	50
夏	52
秋	54
冬	56
日誌	58
週の個別記録	60
離乳食献立表	62

飯田和也の
指導計画を、実践につなげるための
チェックポイント　養護に包まれた教育のために

ねらい 発達の方向性として、卒園までに豊かな心情・意欲・態度を身につけることを目ざそう

発達の連続性を踏まえたうえで、子どもの心情・意欲・態度を大切にした保育実践ができるようなねらいを立案することが重要です。そのとき、子どもを主語にしてねらいを立案することで、子どもに寄り添った保育実践へとつながっていくのです。以下のような文章を書くことで、子どもの発達を見つめた支援につながります。

立案時はこう書こう　　　発達支援になる実践

○○楽しむ ━━▶ そばにいるだけ・聴いているだけ・見ているだけでよいなど子どもの眼や耳になった援助です。

○○味わう ━━▶ 触るだけ・舌をちょっとつけるだけ・目を閉じて触るだけでよいなど子どもの手や足、そして口・鼻になると味わうことが理解できます。

○○広める ━━▶ 友達関係を一人から二人へ、見ているだけから少し触ったり、ちょっと話したり、経験を広げていくところを見つけることが大切です。

○○深める ━━▶ 広がったことからさらにじっくりかかわったり、強く感じたり、ただ見ただけからさらに見ようとしたり、調べようとしたり、じょうずになろうとする場を見つけましょう。

○○しようとする ━━▶ もっと○○したい、さらに知りたいといった意欲を持っている場を大事にすることになります。このような能力を見つけて生きる力に結びつくということを理解するためにも取り入れたいですね。

内容 子どもが積極的にさまざまな経験を できるように立案しよう

意識して五領域の観点がさまざまに含まれた経験をできるように、立案しましょう。そうすることで、自分の得手不得手に影響されて偏りがちな保育が変わり、実践の幅が広がっていきます。

立案時はこう書こう

○○知る
○○参加する
○○世話する
○○いっしょに見る
○○して遊ぶ

実践の際に気をつけたいこと

何か新たに子どもが知ることのできるような経験、園で飼育している動物の世話をする経験、子ども同士のかかわりを深めていけるような、いっしょに絵本を読んだり、遊んだりする経験など、子どもがさまざまな経験をできるようにしましょう。

環境づくり・援助 温かい愛のある雰囲気をつくり、保育者も人的環境としてかかわろう

子どもひとりひとりを認め、受容することが大切です。子どもがその場にいたくなる雰囲気をつくるようにしましょう。主体的な活動に結びついていけるような環境構成だといえます。

立案時はこう書こう

●笑顔で○○する
●優しく△△する
●ぬくもりを与える
●わかる言葉をかける
●言葉に言い表すことができない悲しみ、悔しさ、苦しさを代弁する

ことばがけ・実践例

●みつけられたね ●○○大好きだよ ●□□かわいいね ●いつも△△ありがとう ●先生幸せ ●先生もうれしい ●××できなくて悔しいね ●手をつなぐ ●肩に手をそっと置く ●ぎゅっと抱き締める ●ときどき失敗してみせる

→ 共感をすることで受け入れられ、認められていると感じることで情緒の安定ができるようになります。

次のページのまとめも見てみましょう。

日本の保育を変える三か条

指導計画を
実践につなげるための
チェックポイントのまとめ

1. 認定こども園・保育園の教育は教え込むものでなく、「ねらい」にある園修了までに生きる力の基礎となる心情・意欲・態度を身につけさせること

この「ねらい」は今日じょうずにできなくていい、ということです（しかし、小学校は今日じょうずにできるようにする到達目標です）。乳幼児の言葉に言い表すことができない心情を大切にする乳幼児保育をすることで人や物を大事にする生き方となります。

2. 養護に包まれて教育があることを正しく理解すること

朝、登園してきたそのままの姿で帰るとき保護者に渡すのが保育です。地震のあとの津波で何日も家に帰れないときに命を守り、情緒の安定、生理的欲求、保健衛生的環境を大人がする養護です。発達を身につける教育の五つの領域の内の『健康』と明らかに違うことを理解することです。

3. 生きる力を身につけるには「温かい愛の雰囲気」を与えること

保育の環境で物的環境と人的環境だけでなく愛されている・認められている・受け入れられていると感じる愛のある雰囲気で、困難を対処する力と主体性を身につける教育が望まれます。

乳児保育の基本を押さえよう

　3歳未満児の保育を希望する保護者の抱える問題は多種多様です。中には産休明けから入所できる保育所を捜す保護者もおり、「乳児保育」に希望を持っています。

　「保育に欠ける」という実態があるのなら、乳児の生活を見守り、成長・発達を援助する必要があるでしょう。

●自分の生活を生き生きと

　心身の発達の基礎をつくる3歳ごろまでに受けた保育の影響、保護者・保育者の言動は大きな影響を与えます。すべてをありのままに受容され、個人差や個性が尊重され、あたたかく世話された子どもは保育者を信頼し、安定感や充足感を味わって自分の生活に没頭し、生き生きと遊ぶことでしょう。

　保護者と保育者との間に信頼関係を築くことは何よりも大切で、全職員が同じ保育目標を共有し、それらを目ざして協力していることを理解してもらうことから始めなければなりません。入所が決定した時点で、保育所の生活について具体的に保護者と話し合い、信頼関係を築くことがすべての初めだといえます。

●安全に清潔に

　日々の保育の場で、子どもの健康と安全を守ることは「保育」そのものであり、保育の基本だといえます。日常の保育活動は即保健活動だとし、保育がひとりひとりの子どもの条件に応じたかかわりであると同様に、保健活動も行なうべきです。それには乳児の心と体のことを理解する力を持ちたいものです。

●環境とふれあうことの大切さ

　成長発達の著しいこの時期の子どもにとって環境とのふれあいが大切であることはいうまでもありません。保育者からの働きかけが必要です。喃語にほほ笑みながら同じように発語で答えたり、唱え歌での遊びを1対1で行なったりしてみましょう。5か月ごろにもなると喃語と違ったうれしさを表す声を出したり、声の表情が豊かになってきます。

　子どもの行為に応答することで、子どもの活発な活動や知的意欲やその発達が導き出されます。応答性の高い玩具を用意して触れさせることもしてみましょう。

　集団の中で長時間を過ごすため、休息の場が用意されていて、くつろげるように配慮したいものです。

　とはいえ、保育者自身が子どもたちにとっていちばん身近な環境であることを自覚して保育に取り組みましょう。

（塩野 マリ）

指導計画を書く前に

この4ページで発達はバッチリ！

0・1・2歳児の発達を見通そう

6か月未満児の発達の主な特徴

かかわり方のヒントA

大きさ・形・色・音質・材質など、発達の状態に合った「おもちゃ」を用意し、遊ばせながら感覚の発達の援助をする。

かかわり方のヒントB

身動きも自由でないので体位や姿勢を変えてもらい、姿勢に合った遊びを楽しむ。優しくあやしてくれる保育者に親しみ、声を覚え、動きを目で追う。

- 母体内から外界への環境の激変に適応し、その後、著しい発達がみられる。
- 月齢が低いほど、体重や身長の増加が大きく、しだいに皮下脂肪も増大し、体つきは円みを帯びてくる。
- 視覚・聴覚などの感覚機能の発達はめざましく、自分を取り巻く世界を認知し始める。(A)
- 感覚器官を含め、すべての身体発育や行動の発達は子どもが生来持っている機能の発達によることが大きいが、こうした生得的、生理的な諸機能の発達もその子どもの生活環境、特に周りの大人との温かい関係と、豊かで相互応答的な刺激のある環境の中で順調に促進される。(B)
- 身体発育や行動の発達は、まさしく子どもの身近な環境との相互作用の結果であり、この時期が出発点である。
- 発達の可能性に満ちているが大人の援助なしでは欲求を満たされることはない。
- 笑う、泣くという表情の変化や体の動きなどで自分の欲求を表現する力を持つ。(C)
- 表情の変化や体の動きなどの表現により子どもが示すさまざまな欲求に応え、身近にいる特定の保育者が適切、かつ積極的に働きかけるなど、保育者と子どものあいだに情緒的な絆が形成される。これは対人関係の

第一歩であり、自分を受け入れ、人を愛し、信頼する力へと発展していく。
- 生後4か月までに首がすわる。
- 5か月ぐらいから目の前にあるものをつかもうとしたり、手を口にもっていったり、手足の動きが活発になる。
- 生理的な快・不快の表出は感情を訴えるような泣き方をしたり、大人の顔を見つめ、笑いかけ、「アー」「ウー」などと声を出すなど、しだいに社会的、心理的な表出へと変化する。(C)
- 身近な人の声を覚えたり、また音のする方向に首を向けたり、近づいてくる物を見たり、ゆっくり動く物を目で追うようになる。(C)
- 生後4か月を過ぎると、腕、手首、足は自分の意思で動かせるようになる。
- 腹ばい、寝返りにより、全身の動きを楽しむようになる。(D)
- 眠っているときと目覚めているときとがはっきり分かれ、目覚めているときには音のする方向に向き、見つめる、追視する、喃語を発するなどの行動が活発になる。(D)
- 6か月を過ぎると身近な人の顔がわかり、あやしてもらうと喜ぶようになる。
- 視野の中にある新しい刺激、変化に富む刺激、より複雑な刺激をしだいに求める積極性や選択性は初期から認められる。(D)

かかわり方のヒントC

笑う、泣く、体を動かす、表情に出すなどで表現している欲求に応答する保育者自身が環境の一部であることを心得たい。

かかわり方のヒントD

言葉を獲得するための必須条件である、聞こえの働きを、音や声に反応するようすから把握する。

乳児保育を展開するにあたっては、幼児期とは違った乳児期の子どもの発達をとらえておく必要があります。ただし、個人差も大きいため、これがすべて当てはまるわけではありません。しかし基礎的なことを知っておかないと子どもに無責任にかかわってしまうことにもなりかねません。ここでは発達の主な特徴が詳しく述べられていた2000（平成12年）施行の『保育所保育指針』から学んでいきましょう。

6か月から1歳3か月未満児の発達の主な特徴

かかわり方のヒント Ⓐ

離乳が進められているとき、さまざまな食品に慣れることを急がず、健康状態や食欲に応じて自分から食べようとする意欲や行動を援助する。

かかわり方のヒント Ⓑ

人見知りが激しくなるが、情緒的な絆が形成されている保育者を基地に、身近な人に興味を持ち、自分から近づくようになる。

- 6か月頃より母体から得た免疫はしだいに弱まり、感染症にかかりやすくなる。
- この時期の座る、はう、立つといった運動や姿勢の発達は子どもの遊びや生活を変化させ、生活空間を大きく変え、直立歩行へと発展し、さらに手の運動なども発達して、次第に手を用いるようになる。
- Ⓐ 離乳食から幼児食へと変化することによって乳児期から幼児期へ移行する。
- 生理的未熟であり、豊かで変化に富んだ応答的環境の中で生活することによって、人間として生来持っている能力を社会的な環境に適応させながらうまく発現していく必要があることから、この時期は極めて大切である。
- 7か月頃からひとりで座るようになる。姿勢を保つための手の力がいらなくなり、座った姿勢で両手が自由に使えるようになる。
- Ⓑ この時期、人見知りが激しくなる一方、見慣れた人にはその身振りをまねて「ニギニギ」「ハイハイ」などをして、積極的にかかわりを持とうとする。この気持ちを大切に受け入れることが情緒の安定にとって重要である。

- 大人との関係の中で喃語は変化に富み、盛んになる。
- 9か月頃までには、はうことや両手に物を持って打ちつけたり、たたき合わせたりができるようになる。
- Ⓒ 身近な大人との強い信頼関係に基づく情緒の安定を基盤に、探索活動が活発になってくる。
- Ⓑ 情緒の表現、特に表情もはっきりしてきて、身近な人や欲しいものに興味を示し、自分から近づいていこうとする。
- Ⓓ 限られたいくつかの場面では簡単な言葉が理解できるようになり、自分の意思や欲求を身振りなどで伝えようとするようになる。
- Ⓒ 1歳前後にはつかまり立ち、伝い歩きができるようになり、外への関心が深まり、手押し車を押したりすることを好むようになる。
- 喃語も会話らしい抑揚がつくようになり、しだいにいくつかの身近な単語で話す。

かかわり方のヒント Ⓒ

探索活動を楽しむために、安全で活動しやすい場と十分な時間を準備する。"禁止事項はどの大人も同様に"ダメ"と繰り返し働きかける。

かかわり方のヒント Ⓓ

優しく語りかけ、喃語や片言、身振りや指さしでの訴えを受け止め、言葉のやりとりを楽しむ機会を見逃さない。

※ P.6-7では、必ず全体を読むことで、発達に対する考え方を整理しましょう。

7

1歳3か月から2歳未満児の発達の主な特徴

- 1歳3か月から2歳までの子どもは歩き始め、手を使い、言葉を話すようになる。
- 身体発育より運動機能の発達が目ざましく、体つきは次第にやせぎみになっていく印象を受ける。
- 感染症にかかることが多い。それはこの時期の病気の大半を占めるといってよい。
- 不安定ながらつかまらずに歩けるようになり、押したり、投げたりなどの運動機能が増す。
- (A) 生活空間が広がり、これまで培われた安心のできる関係を基盤として目の前に開かれた未知の世界の探索行動に心をそそられ、身近な人や身の回りにある物に自発的に働きかけていく。
- (A) 自発的な探索行動の過程で生きるのに必要な数多くの行動を身につけていく。例・身近な人の興味ある行動の模倣をして活動の中に取り入れるようになる。
- (B) ぎこちなく見えるが、つまむ、めくる、通す、はずす、なぐりがきをする、転がす、スプーンを使う、コップを持つなどの運動の種類が確実に豊かになってくる。新しい行動の獲得によって子どもは自信を持ち、自発性を高めていく。
- 大人の言うことがわかるようになり、呼びかけたり拒否を表す片言

を盛んに使うようになり、言葉で言い表せないことは指さし、身振りなどで示そうとする。
- 自分の思いを親しい大人に伝えたい欲求がしだいに高まってくる。1歳後半には「マンマ、ホチイ」などの2語文も話すようになる。
- この時期にはボールのやりとりのような、物を仲立ちとした触れ合いや、物の取り合いも激しくなり、また、ある物をほかの物で見立てるなど、その後の社会性や言葉の発達にとって欠かせない対人関係が深まり、象徴機能が発達してくる。
- (A) 外界への働きかけは身近な人だけではなく、物へも広がり、大人にとってはいたずらが激しくなったと感じられることも多くなる。
- (C) 保育者との豊かな交流は友達といっしょにいることの喜びへとつながり、情緒の面でも子どもに対する愛情と大人に対する愛情とに違いが出てくる。嫉妬心など、分化が行われる。
- (A) この時期は、保育者に受け入れられることにより、自発性、探索意欲が高まるが、まだまだ大人の世話を必要とする自立への過程の時期である。

かかわり方のヒント A

身の回りの物へ自由に自発的に働きかけ、遊びながら外界への好奇心や関心を持つ。何かしようとしているときや熱中しているときは温かく見守り、遊びを中断させない。

かかわり方のヒント B

食欲や食事の好みに偏りが現れる時期だが無理強いせず、個別に対応する。個人差を大切にし、生活習慣の自立を急がない。

かかわり方のヒント C

保育者といっしょにいることが楽しめる。手遊び・歌遊び・絵本などは新しい経験を次々に取り入れるより も、好きな手遊び・歌遊び・絵本を友達といっしょに繰り返し楽しんで、なじんだもので満足できる。

「0・1・2歳児の発達を見通そう」

２歳児の発達の主な特徴

- 身体発達はゆるやかになり、一方、１歳の時期に基礎のできた歩行の機能は一段と進み、走る、跳ぶなどの基本的な運動機能が伸びる。
- 指先の動きも急速に進歩する。
- 発声、構音機能も急速に発達して発声はより明瞭になり、語いも増す。
- (A) 日常生活に必要な言葉もわかるようになり、自分のしてほしいこと、したいことを言葉で表出できるようになる。
- (B) 身体・言葉などの発達を背景に行動はより自由になり、その範囲は広がり、ほかの子どもとのかかわりを少しずつ求めるようになる。
- 感染症に対する抵抗力はしだいについてくるが感染症は疾病の中では最も多い。
- 生活の中での新たな体験は子どもの関心や探索意欲を高め、そこで得られた喜びや感動や発見を自分に共感してくれる保育者や友達に不十分ながらも一心に伝えようとし、いっしょに体験したいと望むようになる。
- 探索意欲の高まりにともなう子どもの欲求を満たすことによって、諸能力も高まり、自分自身が好ましく思え、自信を持つことができるようになる。

- (A) 大人の手を借りずに何でも意欲的にやろうとする。しかし現実にはすべてが自分の思い通りに受け入れられるわけではなく、また自分でできるわけでもないのでしばしば大人や友達とのあいだで自分の欲求が妨げられることを経験する。
- (A) (C) 欲求が妨げられる状況にうまく対処する力を持っていないので、時にはかんしゃくを起こしたり、反抗したり、自己主張する。
- 子どもは周りの人の行動に興味を示し、盛んに模倣するが、さらにその子どもなりに物事の間の共通性を見いだしたり、概念化することもできるようになる。
- (D) 象徴機能や観察力も増し、保育者といっしょに簡単なごっこ遊びができるようになる。
- 体を自由に思うように動かすことができるようになり、身体運動のコントロールもうまくなるので、リズミカルな運動や音楽に合わせて体を動かすことを好むようになる。

※ P.8-9では、必ず全体を読むことで、発達に対する考え方を整理しましょう。

かかわり方のヒント(A)

「自分で」と言うが思うようにいかなかったり、「人がしてしまった」とかんしゃく、反抗、自己主張をする。「ひとりでこと主張するが、「できない」と、甘えるようすも見せる。

かかわり方のヒント(B)

衝動的な動作が見られる。ふだんの遊びの傾向を把握し、傍観でなく見守る。

かかわり方のヒント(C)

友達とのぶつかり合いが多くなる。してほしいこと、したいことを言葉で伝える経験の良い機会として援助する。

かかわり方のヒント(D)

ごっこ遊びの中の子どもの言動に心を配り、内面の動きを探らず材料を提供したり、ルールの伝達や方法の指示で終わらせないように留意する。

指導計画立案にあたってのまとめ

1歳児 年 の指導計画
●必ず保育課程を参考にします。
認定こども園では全体的な計画

年のねらい	❶										
月	4	5	6	7	8	9	10	11	12	1	2	3
ねらいと内容	ねらい	❷
	内容	❸
その他	行事	❹

❶ 年のねらい
- 1歳児の生命を守り、保健衛生であり、情緒の安定を図るための立案をします。
- 養護の面が多くなります。
- 養護と教育の目標をより具体化して立案します。

❷ ねらい
- 養護の目標を1歳児の発達段階にふさわしく具体化したもので、「…を図る」・「…する」といった保育者の側からの養護の「ねらい」を記入します。
- また、教育の五つの目標を1歳児の発達段階にふさわしく具体化したもので、卒園までに子どもが身につけることが望まれる心情・意欲・態度などを、子どもの側からの表現として、「…楽しむ」・「…味わう」・「…する」といった言葉で記入します。
- 年の指導計画にも必ず「個々の」といった言葉を使用して、年間を通してひとりひとりを大切にする保育実践に結びつけたいものです。

❸ 内容
- 1歳児の状況に応じて、保育者が適切に行なうべき養護と、1歳児の自発的・主体的な活動に対して、子どもの側面から保育者が援助する事項を記入します。
- 養護が多くなりますが、偏りすぎないよう、子どもの発達も考えながら、教育とのバランスも考えて立案します。
- 4月から3月まで同じ内容の文章を立案するのではなく、季節や発達を考慮すれば変化があるはずです。

❹ 行事その他
- 「ねらい」や「内容」にふさわしい行事を立案します。そのとき、「…を楽しむ」・「…を味わう」・「…を深める」といった行事になるよう、また、「ねらい」から下りてきた行事としてとらえたいものです。しかし、行事が多すぎて子どもや保育者に負担がかかる場合には見直します。
- 地域によっては大切な行事があります。地域との結びつきを考慮しながらも、子どもが楽しめる行事をつくりたいものです。

●基本を押さえておきましょう

ねらい 子どもが経験していることをとらえ、子どもの中に育ちつつあるものや、育てたいことを「ねらい」とします。

内容 「ねらい」を身につけるためにどのような経験を積み重ねていくことが必要か考え、具体的に立案します。

環境構成・配慮事項 子どもが環境に主体的にかかわりながら「ねらい」や「内容」を身につけていくための適切な環境構成や、保育者のかかわりについて記入します。

立案にあたって基本的に注意すべきことをまとめています。自分自身の立案に役立てましょう。

1歳児 月 の指導計画

●年の指導計画をもとに考えていきます。

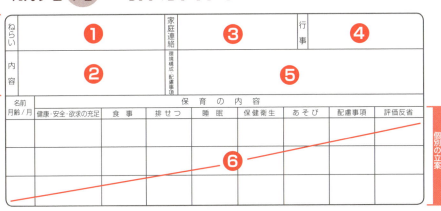

❶ ねらい
- 教育の面では「人とのかかわり」・「環境とのふれあい」・「心身の健康のため」などの「ねらい」を工夫したいものです。
- 4月〜3月の立案に偏りがないよう注意したいものです。また、発達の視点からも幅広い「ねらい」があります。多くを立案せよとは言いませんが、工夫が必要でしょう。
- 1歳児では養護と教育を分けて保育をすることはなかなか困難ですが、工夫することによってひとりひとりを大切にした保育に結びつけます。食事の世話ひとつとっても、健康のこと、言葉のこと、環境のことを結びつけながら保育することができるでしょう。

❷ 内容
- 必ず個々の子どもの養護と教育を大切にするために、「個々の子どもの」といった立案をしましょう。
- 「内容」のとらえ方は、「ねらい」を達成するために、子どもの状況に応じて保育者が適切に行なうべき基礎的な事項としてとらえたいものです。
- 1歳児が主体的に繰り返し経験し、身につけていくものとして、遊びも工夫したいものです。
- 季節のうつりかわりや、地域ごとの特徴の中での大切な体験もできるように立案します。

❸ 家庭連絡
- 時には家庭環境が入所のときと変わって、家族構成が変化している場合があります。保育の実践で子どもの安定を図るように工夫しましょう。
- 家庭での状態を聞き、保育に生かせるような記入を心がけましょう。

❹ 行事
- ただ聞くだけであった経験が、子ども同士でいっしょに何かをしたという喜びを共感することや、その喜びを表現することにつながります。そのような保育の流れを大切にしながら行事に結びつけたいものです。

❺ 環境構成・配慮事項
- 「ねらい」・「内容」にふさわしい、物的・人的環境を立案し、働きかけたいものです。
- 人的環境としての保育者には、生き生きとした活気に満ちた明るい表情や態度・日本語の美しい話し言葉・しぜんな発声による表情豊かな話し方や歌い方・子どもが感動して喜ぶような踊り方や演奏力などが求められるといえるでしょう。何かひとつ得意な分野をつくることからがんばりましょう。
- 1歳児の立場に立った立案をしたいものです。

❻ 保育内容（個別）
- 生育歴を少し考慮した具体例などがあると、個々を大切にした保育をするときの参考になります。
- 複数の保育者がかかわっても、お互いがひとりひとりを理解できて保育がスムーズに進められる配慮をしたいものです。だれが見てもわかる客観的な立案を心がけましょう。クラス全員について立案します。

年の計画の立て方

●年の指導計画を立案するにあたって

　『保育所保育指針』の解説書では、「子どもが現在を最も良く生き、望ましい未来をつくり出す力の基礎を培う」ことと、「入所する子どもの保護者に対し、その援助に当たる」ことを保育の目標としています。

　各保育所では、それぞれの保育の方針や目標に基づき、子どもの発達過程を踏まえ、ねらい及び内容が保育所生活の全体を通して、総合的に展開されるようにした『保育課程』があるはずです。認定こども園は『全体的な計画』ということになります。

　各保育所の『保育課程』に基づき具体的な「指導計画」が立案されるのです。保育課程では、各保育所の保育理念、保育目標、保育方針等について共通理解を図り、発達過程を見通したうえでそれぞれの時期にふさわしい具体的なねらいと内容を編成します。そのときには、各保育所の子どもの実態や家庭・地域の実態及び保護者の意向も把握しておかなければなりません。「指導計画」を作成し、保育を進めるうえで不都合がなければ、『保育課程』は毎年作成する性質のものではありません。

●年の指導計画を

　「指導計画」は対象の子どもの実態を把握し、その子どもに即応した具体的なものでなければなりません。各々の保育所で保育環境、保育形態を異にしていること、対象の子どもひとりひとりの違い、保育者の能力の違いなどを考えると、ほかの保育者が立案した指導計画がりっぱにできているからと、借りたり模倣したりして、保育を実践しても間に合うものではありません。

●立案の際に注意したいこと

　注意事項として、次のような点があります。
- 目の前にいる子どもを対象に直接に保育を担当する保育者によって作成されている。
- 個々の子どもの生育歴、保育年数、家族構成、心身の発育発達の状態、既往症、生活習慣の自立の状態などの実態を把握する。
- 目の前の子どものクラスを対象として作成する。
- クラスの人数、男女の比、長子・ひとりっ子など個々の子どもの把握が必要とされる。
- 保育をする場の状況を踏まえて作成する。
- 保育所の規模と施設設備、施設環境の実態、産休明けの保育を始めることになったなど、所（園）としての状況を考え合わせる。
- 保育者の条件を生かして作成する。
- 保育者の能力、技量、勤務時間その他の条件を生かす。
- 具体的に活動や遊びが、どのように展開するか、その道筋と留意事項を明確に示す計画を作成する。
- 個々の実態をあらゆる面から十分把握してその年度の指導計画を作成する。

　年の指導計画は保育所の生活の流れの中で見通しを持った「ねらい」を設定し、「ねらい」

年の計画

を達成するために、どんな環境を構成したら子どもがその時期にふさわしい生活が展開できるか、子どもが意欲的に自発的に環境にかかわり生き生きとした楽しい活動をするため保育者のどのような援助が必要か（「内容」）を、1年間をひとつの期間として編成します。

●配慮すべき事がら

年間（期）指導計画は、1年間の生活を見通した最も長期の計画であり、子どもの発達や生活の節目に配慮し、1年間をいくつかの期に区分した、それぞれの時期にふさわしい保育の内容を計画します。

また、家庭との連携や行事等、また地域との連携などに配慮することが求められます。

また、年の指導計画は1年間を見通して作られる計画ですが、成長や季節への配慮からこの1年を季節や期によって区分したりもします。未満児の場合は、発達の著しい時期なので、発達の節目を目安に期間を区分し、1年の生活の流れを考え計画を立てることもできます。

そのとき注意すべきことは、0歳・1歳・2歳と1年ごとに発達の区分がでないことです。『保育所保育指針』でも、6か月未満児・6か月から1歳3か月未満児・1歳3か月から2歳未満児・2歳児という分け方をしています。したがって0歳児クラスでも、4月時点で5か月の子どもは、1年間で、6か月未満児→6か月から1歳3か月未満児→1歳3か月から2歳未満児という3つの発達の段階を経ていく

ことになるのです。そこでは指針の「ねらい」・「内容」も違ってきます。そこに配慮しなくてはなりません。

3歳未満児の場合は指針第4章1（3）アに、指導計画作成上、留意すべきことが記されています。3歳未満児の指導計画は、「一人一人の子どもの生育歴、心身の発達、活動の実態等に即して、個別的な計画を作成すること」とあります。

誕生から約1年間は生涯のうち、これほど早く発達のようすを見せるときはありません。歩行、手による物の操作、ことばの獲得などにめざましいものがあります。

個々の子どもの発達の姿に焦点を当て、個人別の指導計画を作ることから始めると作成しやすいようです。発達のようすを年齢別の特徴としてだけで見ていては、目の前の自分のクラスの子どもは見えてきません。

子どもの実態を的確に把握することから、指導計画作成が始まるのです。

1歳 年の

「養護」の目標をより具体化したものとして、このように立案します。

年のねらい

○保健的で安全な環境をつくり、個々の状態に応じたかかわりをすることで快適に生活できるようにする。
○個々の子どもの生理的欲求や甘えなどの依存欲求を満たし、生命の保持と情緒の安定を図る。
○保育者との信頼関係のもとで、食事・排せつ・睡眠・衣服の着脱などの活動を通し、自分でしようとする気持ちが芽生える。
○自然物や身近な用具、玩具、素材にかかわって遊び、外界に対する好奇心や関心を持つ。
○いろいろな経験を通して言葉への興味を育て、発語を促す。

※朱書きは、解説についてはゴシック系、不足していると思われることなどについては明朝系で、書体を分けて入れています

月	4月	5月
ねらいと内容 ねらい	◎保健的で安全な環境をつくり、体の状態を確認し、快適に生活できるようにする。 ◎個々の子どもの状態に応じて、生理的欲求(食欲・睡眠・排せつなど)を満たし、生命の保持と生活の安定を図る。 ◎保育者への甘えや、依存の欲求を満たしながら信頼関係をつくっていく。 ← 養護活動として大人が「○○する」といった文にします。 ↑する ◎さまざまな食品に慣れさせながら、食事や間食をとることができるようになる。 ◎身の回りのさまざまなものに触れ、興味や好奇心を持つ。 ○戸外で日光浴・外気浴をしながら、動・植物に触れ、開放感を味わう。 ← 入所のときの大切な文章です。 →年の指導計画の4月〜3月までの「ねらい」と同じですが…… P.20〜の月の指導計画によるとA児(1歳11か月)、B児(1歳9か月)、C児(1歳)の少なくとも3名が1歳児クラスにいることになります。保育所保育指針にあてはめると1歳3か月から2歳児未満にあたるのが、A児、B児で、6か月から1歳3か月未満児にあたるのがC児ということです。ですからこの時点ですでにA児、B児とC児では「ねらい」「内容」が違ってくるはずですし、月を追うにつれ、また「ねらい」「内容」を各々の子どもについて考えていく必要があると思われます。ただし、意図的にこの面が欠けているという場合は同じものをあえて書くことになります。以下このことには気をつけてください。	
内容	→年の指導計画の4月〜3月までの「内容」と同じですが…… ◎個々の子どもの健康状態を把握し、異常のある場合は適切に対応する。 ◎個々の子どもの身体発育の状態を的確に把握する。 ◎個々の子どもの気持ちや欲求を十分に満たし、子どもの気持ちを受容することにより、信頼関係をつくっていく。 間食や ↓ ◎楽しい雰囲気の中で、保育者に介助してもらいながら食事をする。 ◎体や衣服など身の回りのものを清潔にする。 ◎個々の生活リズムを大切にしながら、安心して睡眠がとれるようにする。 ◎オムツやパンツが汚れたら優しく言葉をかけながら取り替え、心地良さがわかるようにする。 ○保育者の歌や手遊びを喜んで見たり聞いたりし、リズムにのって体を動かしたりして楽しむ。 ○保育者にそばで見守られながら、ひとり遊びをしたり、戸外(散歩など)で動・植物に触れて喜ぶ。 ○身の回りのものに興味や関心を持ち、見たり、触ったり、のぞいたりすることを喜ぶ。 ← このようにひとりひとりを愛するための保育ができるためにも立案します。	
その他 行事	「ねらい」や「内容」にふさわしい行事を立案します。そのとき「〜楽しむ」「〜味わう」「〜深める」といったための行事となるように、「ねらい」からおりてきた行事としてとらえたいものです。しかし、多すぎて保育者や子どもに負担がかかるのは見直します。 (月定例行事) *身体測定 *安全の日(避難訓練) *とこなげハイキング	4月 *入園式 *家庭訪問 *なかよし誕生会 *交通教室	5月 *こどもの日の集い　*健康診断 *遠足　*クラス懇談会 *大神楽誕生会　*母の日 *チャリティーバザー　(プレゼント渡し)

← 年の指導計画表にはほかの行事とは別に書き出すのは良い扱いです。

指導計画表

6月	7月	8月
○保健的で安全な環境をつくり、体の状態を確認し、快適に生活できるようにする。 ○個々の子どもの状態に応じて、生理的欲求(食欲・睡眠・排せつなど)を満たし、生命の保持と生活の安定を図る。 ○保育者への甘えや、依存の欲求を満たしながら信頼関係をつくっていく。 ○さまざまな食品に慣れ、楽しい雰囲気の中で食事や間食を食べることができるようにする。 ○身の回りのさまざまなもの(玩具・絵本・生活用品など)に触れ、興味や好奇心を持つ。 ○保育者の歌や手遊び・紙芝居などを楽しむ。 ○保育者が話しかけたり、応答したりして、発語の意欲を育てる。 ○砂・水遊びを楽しみ、開放感・満足感を味わう。		このように夏としての「ねらい」を工夫します。

○個々の子どもの健康状態を把握し、異常のある場合は適切に対応する。
○個々の子どもの身体発育の状態を的確に把握する。
○個々の子どもの気持ちや欲求を十分に満たし、子どもの気持ちを受容することにより、信頼関係をつくっていく。
○楽しい雰囲気の中で、保育者に介助してもらいながら食事をする。
○体や衣服など身の回りのものを清潔にする。
○個々の生活リズムを大切にしながら、安心して睡眠がとれるようにする。
○オムツやパンツが汚れたら優しく言葉をかけながら取り替え、心地良さがわかるようにする。
○個々の排尿間隔を知り、無理なくオマルに慣れていく。
○保育者の歌や手遊びを喜んで見たり聞いたりし、リズムにのって体を動かしたり、声を出して楽しむ。
○保育者に見守られながら、砂・水遊びを存分に楽しむ。
○室内外の温度、湿度に留意し、衣服の調節や汚れ(汗など)た衣服の着替えをする。

「養護」と「教育」が偏るのではなく、バランスよく立案することが大切です。
また、区別しにくい年齢でもあります。

6月	7月	8月
＊家族参観日　＊かたつむり誕生会 ＊内科検診　＊ぎょう虫・尿検査 ＊歯科検診　＊父の日(プレゼント) ＊移動動物園	＊七夕の集い・七夕送り ＊七夕誕生会 ＊プール開き ＊泥んこ遊び ＊夏祭り	＊ひまわり誕生会 ＊水遊び ＊プール終了

※クラス編成…担任2名、4月＝男子7名・女子3名　計10名・5月より男子1名・女子2名増。

1歳 年の

※朱書きは、解説についてはゴシック系、不足していると思われることなどについては明朝系と、書体を分けて入れています

月	9月	10月	11月	12月
年のねらい				

ねらいと内容

ねらい

- ○保健的で安全な環境をつくり、体の状態を確認し、快適に生活できるようにする。
- ○個々の子どもの状態に応じて、生理的欲求(食欲・睡眠・排せつなど)を満たし、生命の保持と生活の安定を図る。
- ○保育者への甘えや、依存の欲求を満たしながら信頼関係をつくっていく。
- ○さまざまな食品に慣れ、楽しい雰囲気の中で食事や間食をとる。 → 食べることができるようにする。養護活動としてスッキリした文にします。
- ○身の回りのさまざまなもの(玩具・絵本・生活用品など)に触れ、興味や好奇心を持つ。
- ○保育者と歌や手遊び・リズム遊びなど全身を使った遊びを楽しむ。
- ○保育者の話しかけや発語を促されたりし、言葉を使うことを楽しむ。
- ○戸外遊びや散歩に出かけ、秋の自然の中で動・植物に触れたり、全身を動かすことを楽しむ。 → このように季節に配慮したいものです。

→ このように年の指導計画にも必ず「個々の」といった言葉を使用して年間を通してひとりひとりを大切にする保育実践に結びつけたいものです。

内容

- ○個々の子どもの健康状態を把握し、異常のある場合は適切に対応する。
- ○個々の子どもの身体発育の状態を的確に把握する。
- ○個々の子どもの気持ちや欲求を十分に満たし、子どもの気持ちを受容することにより、信頼関係をつくっていく。
- ○楽しい雰囲気の中で、スプーンを使ってひとりで食べようとする。 → 同じ文章が続く場合には ○→印などを利用して、工夫したいものです。
- ○体や衣服など身の回りのものを清潔にしようとする。
- ○個々の生活リズムを大切にしながら、安心して睡眠がとれるようにする。
- ○オムツやパンツが汚れたら優しく言葉をかけながら取り替え、心地良さがわかるようにする。
- ○個々の排尿間隔を知り、無理なくオマルに慣れていく。
- ○保育者といっしょに歌や手・指遊びをし、リズムにのって体を動かしたり、声を出して歌ったりして楽しむ。
- ○保育者が仲立ちとなりながら、友達とかかわって遊ぶ。
- ○室内外の温度、湿度に留意し、衣服の調節をする。
- ○いろいろな遊具(玩具)を使って押す、引っ張る、登る、降りるなど、全身を使った遊びを楽しむ。

行事・その他

9月	10月	11月	12月
＊おじいちゃん おばあちゃんの 参観誕生会 ＊運動会リハーサル	＊はだしっ子運動会 ＊七谷川誕生会 ＊交通教室 ＊イモ掘り ＊遠足	＊いのこの日 ＊もみじ誕生会 ＊消防署との合同訓練 ＊勤労感謝の日(プレゼント渡し) ＊健康診断(内科)	＊健康診断(内科) ＊生活発表会 ＊クリスマス誕生会 ＊もちつき大会

→「ねらい」から入って、楽しめるような行事にしたいものです。1歳児クラスとしての参加の仕方も工夫してみましょう。

指導計画表

1月	2月	3月

- ○保健的で安全な環境をつくり、体の状態を確認し、快適に生活できるようにする。
- ○個々の子どもの状態に応じて生理的欲求(食欲・睡眠・排せつ　など)を満たし、生命の保持と生活の安定を図る。
- ○保育者への甘えや、依存の欲求を満たしながら信頼関係をつくっていく。
- ○さまざまな食品に慣れ、楽しい雰囲気の中で食事や間食をとる。
- ○身の回りのさまざまなもの(玩具・絵本・生活用品　など)に触れ、興味や好奇心を持つ。
- ○保育者と歌や手遊び・リズム遊びなど全身を使った遊びを楽しむ。
- ○保育者の話しかけや、発語を促されたりして、言葉を使うことを楽しむ。
- ○戸外遊びや散歩に出かけ、冬の自然現象(白い息・氷・雪　など)に触れ、興味や関心を持つ。

- ○個々の子どもの健康状態を把握し、異常のある場合は、適切に対応する。
- ○個々の子どもの身体発育の状態を的確に把握する。
- ○個々の子どもの気持ちや欲求を十分に満たし、子どもの気持ちを受容することにより、信頼関係をつくっていく。
- ○楽しい雰囲気の中で、スプーンやお箸を使ってひとりで食べようとする。
- ○体や衣服など身の回りのものを清潔にしようとする。
- ○個々の生活リズムを大切にしながら、安心して睡眠がとれるようにする。
- ○オムツやパンツが汚れたら優しく言葉をかけながら取り替え、心地良さがわかるようにする。
- ○個々の排尿間隔を知り、無理なくオマルに慣れていく。
- ○保育者といっしょに歌や手・指遊びをし、リズムにのって体全体を動かしたり、声を出して歌ったりして楽しむ。
- ○保育者が仲立ちとなりながら、ごっこ遊びをしたりして、友達とかかわって遊ぶ。
- ○戸外遊びや散歩で身近な自然の変化(雪・氷・野草の芽生え　など)に触れて楽しむ。
- ○いろいろな遊具(玩具)を使って押す、引っ張る、登る、降りるなど、全身を使った遊びを楽しむ。

→ 少し工夫したいものです。

＊9月～3月までまったく同じ「内容」の文章を立案するのではなく、季節や発達を考慮すると変化があるはずです。→P.14参照

1月	2月	3月
＊とんど焼き ＊カルタ取り誕生会 ＊たこ揚げ大会 ＊尿・ぎょう虫検査	＊節分誕生会 ＊作品展	＊ひな祭り誕生会 ＊はだしっ子パーティー(お別れ会) ＊終わりの会 ＊懇談会

月の計画の立て方

●月の指導計画を立案するにあたって

　指導計画を作成し、指導することとは、子どもの昨日までの姿、今日の姿、予想される明日の姿を踏まえ、具体的なねらいや内容を設定し、必要な活動ができるように環境をつくり出すことが大切です。その環境の中で、何が育っているのか、何を望んでいるのかを読み取り、発達を促すための援助をしなければなりません。しかし常に何かを教え、教えたとおりさせなければならないという思いにとらわれ、援助の仕方、かかわり方を誤ることになることが多いようです。

　材料を提供し、ルールの伝達、方法の指示で終わるのではなく、子どもが安心して探求・挑戦を繰り返し、喜び・満足感・意欲・待つ態度などが身につくよう援助しなければなりません。「指導する」という言葉は、「育てる・培う・養う・配慮する・援助する・促す・育む・対応する」などのすべてを含むものと考えているので「指導計画」と呼びます。「援助」だけではないことも覚えておきましょう。

　保育は「ねらい」や「内容」を直接、子どもに経験させるのではなく、それらを環境の中にひそませ、子ども自身が環境にかかわることでさまざまな活動が展開され、必要な経験が得られるように「指導」することといえます。

　月の指導計画は、担任保育者が自己の保育実践をもとに、前月の最後に週に来月の計画を作成します。何に興味や関心を持ち生活したか、何を身につけたか、どこにつまずきがあるかなど子どもの生活する姿、実態を把握し、季節や行事予定を配慮し、2～3か月先までの保育所全体の流れを考慮して「ねらい」・「内容」を設定し作成することです。

　未満児は成長発達が著しく、月齢差が大きく、また同じ月齢であっても個人差があるので、個別にそれぞれの時期の生活を考え、個別の指導計画を作成し、クラスの指導計画だけでは対応できない面を補います。

　ここで、押さえておきたいのは、保育の目標があり、「保育課程」(「全体的な計画」)を立て、それを基にした年の指導計画があって、それを具体的に考えていくのが月の指導計画であるということです。それを忘れず計画を立てることが大切です。

　ここでより具体的に見ていきましょう。

　入所からの保育日誌や家庭との連絡帳などの諸記録は、新年度の指導計画を作成する際、大切な資料となります。

　継続児は何歳児であっても、前任者の諸記録などから、子どもの実態、家庭環境の実態を、家庭との連携も併せて理解し、協力が得られる事がらなどを把握して、新年度4月の指導計画の作成に取りかかります。前年度3月末に、前担任者によって仮の指導計画が作成され、後任者は新入所児を加えてクラスの人数、男女の比、保育者の諸条件を考慮して4月の指導計画を完成させるのが本来でしょう。

●新入所児の実態を把握して

　3～4月はゴタゴタする時期ですが、落ち着いて新しい子どもたちを迎えなければなりません。そのためには、3月に指導計画が作成され、環境が整えられることが望ましいのです。入所前に新入所児のいろいろな事がらの実態の把握をしておくべきでしょう。0歳児保育を希望する場

月の計画

合は、入所 3 か月前に保護者と話し合い、家庭、特に母親と保育所、担当保育者とのコミュニケーションが取れるようにします。この関係の良否で 0 歳児保育のあり方が決まるといえます。

0 歳児の健康状態、発育状況、排尿便の状況、使用ミルクの種類、哺乳びんのメーカー、乳首の種類、ミルクの飲み方・飲ませ方、冷凍母乳の希望、24 時間の乳児の生活のリズムなどを母親から詳しく細かく聴き取って確かめておくことです。

また、保育所の概要、保育方針・目標、年間保育の計画、年間行事の予定表、保護者の心得、乳児個人が使用する着替えやオムツなど個人用ロッカーに用意してもらう物や枚数、汚れ物の始末について、登園から降園までの一日の保育の流れなどの資料を渡して説明します。3 月末には各人のロッカーを用意して、準備した物を搬入してもらうとよいでしょう。所定の実態調査書や母子健康手帳の写し、健康診断書、24 時間の生活の記録なども提出してもらい、個別の指導計画作成の資料としましょう。

「ならし保育」についても話し合います。乳児は、環境の変化に微妙に反応します。保育所内生活のリズムに慣れさせるのを急ぐのでなく、場所がかわって、そこでまずひとりひとりの乳児自身の生活のリズムで過ごすのです。何日間と決めるのではなく、子どものようすを見ながら行ないます。母親と保育者の信頼関係を育てるときであって、よく話し合うことが必要です。

離乳食についても調査書を参考に、月齢別個人ごとの離乳食献立表を作成し、1 週間ごとに配付するとよいでしょう。保健師、看護師の配置のある場合、保育者も保健衛生、小児病理学、生理学などの最小限の知識を持ち、離乳食の作り方、進め方、栄養や調理について知らなければなりません。その知識は、配慮事項の内容を、より個々の子どもに添ったものとすることができるでしょう。

●個別の指導計画を

3 歳未満児は、個別の指導計画が必要です。1 歳後半から 2 歳児の場合、クラスの計画をグループに分けて作成し、生まれ月、保育歴の違いなどによる差に対応するやり方もあります。

園全体の行事には内容によっては 2 歳の後半辺りから参加することもありますが、一定時間を静かにして参加するのは無理なことが多いので一考を要します。

例えば誕生会を乳児組だけで祝うのでなく、誕生日の食事やおやつに色を添え、「おたんじょうびおめでとう」と、喜びをいろいろな形で表現して、楽しい雰囲気を味わうこともできるでしょう。連絡帳に記したり、直接保護者に「おめでとう」を伝え、成長の喜びを味わい、子育ての楽しさを共感し合うことも考えられます。

避難訓練は乳児であっても必要な経験です。子どもに恐怖感を与えず、しかも非常ベルの音に特別の意味があることを知らせます。避難用のスベリ台を乳児をおんぶし、両手に抱いて降りてみる必要もあるでしょう。

遊びの場と時間とおもちゃや絵本などの計画、生活習慣の自立や健康な体作りの計画作成のとき、季節との関係を考慮する必要があります。目の前の子どもたちの計画ではありますが、実施した計画は、どれも実施後、反省事項などを記入し検討して、保育の改善の資料とします。

4月 月

教育の面では「人とのかかわり」「環境とのふれあい」「心身の健康」などのねらいを工夫したものです。

ねらい	○体の状態を観察し、快適に生活できるようにする。 ○個々の子どもの欲求を満たし、生命の保持と情緒の安定を図る。 ○新しい環境に慣れる。　ひとりひとりを大切にする保育は上の2つの文章に含まれます。 月の指導計画の4月〜6月までの内容と同じですが……4月時点では入所間もない子どもが多いので、指針の「ねらい」「内容」のままということもあるでしょうが、5月からはクラスの子どもたちの姿を見てそれに添った立案が必要でしょう。以下、P.14の朱書きと合わせて注意したいところです。
内容	○個々の子どもの健康や発育の状態を的確に把握し、異常のある場合は適切に対応する。 ○体・衣服・身の回りにあるものを常に清潔な状態にしておく。　　　　つくる ○個々の子どもの気持ちを受容し、子どもとの信頼関係を深める。 ○室内外の温度・湿度に留意し、子どもの状態に合わせて衣服の調節をする。 ○個々の子どもの状態に応じて睡眠など適切な休息を用意し、快適に過ごせるようにする。 4、5月同じ ○保育者に見守られながら玩具や身の回りのもので遊ぶ。 ですが… ○保育者の歌や手遊びを見たり、聞いたりする。 ○保育者とともに花や小動物を見たり、触れてみたりする。 必ず個々の子どもの養護と教育を大切にするために、このように立案します。

※朱書きは、解説についてはゴシック系、不足していると思われることなどについては明朝系と、書体を分けて入れています

名前 月齢／月	保育の内容		
	健康、安全、欲求の充足	食事	排せつ
A （0歳児から入所） 男 1歳11か月 生年月日	○新しい環境（保育者・保育室・友達）になじみ、安心して生活する。 ○0歳で入園、以来の生活リズムを大切にしながら新しい保育者、友達、場所に親しんでいくようにする。 ○自分でやりたがるが"できない"と依存する気持ちも持っているので受け入れてやる。 ○ゆったりとした中で好きな遊びを楽しむ。	○スプーンを使ってひとりで食べる。	○保育者に促されてオマルでする。
B （新規） 女 1歳9か月 生年月日	○園や保育室に慣れ、保育者といっしょに安心して過ごす。 成育歴なども少し考慮した具体例があると個々を大切にした保育をするときの参考になります。	○スプーンを使ってひとりで食べようとする。	○オムツが濡れていないときは、オマルでしてみる。 排せつの後始末をどのようにわからせていくか考えましょう。
C （新規） 男 1歳 生年月日	○園や保育室に慣れ、保育者といっしょに安心して過ごす。	○スプーンを手に持って食べる。 ○幼児食に近い食事にしていく。	○オムツが濡れていないときはオマルに座ってみる。 さらに、うまく排せつができたときはほめて、オマルでの排せつに慣れるようにする。

※クラス編成　6か月〜1歳3か月未満＝男子4名、1歳3か月〜2歳未満＝男子3名・女子3名、計10名、担任2名（複数担任）
※誌面の都合上個別の計画は3名分しか掲載していませんが、あと7名分があります。5月からは計13名分あることになります。

20

指導計画表

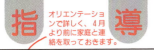

オリエンテーションで詳しく、4月より前に家庭と連絡を取っておきます。

| 家庭連絡 | ○園での子どものようすをていねいに伝えるなど、安心して登園してもらえるようにする。
○持ち物には記名をしてもらう。

入所前の説明でこのような事柄を話して理解してもらい、保育が始まってから取り組むことはできるだけ少なくしておきます。

ならし保育、保育時間などについても十分に話しておき、納得してもらう努力が必要です。 | 行事 | ○入園式
○誕生会
○身体測定
○避難訓練
○交通教室
○家庭訪問

行事の日時は計画作成の段階では決まっていたと思われるので記しておきます。以下すべて。

※年の指導計画に記載されている行事を月の計画に書き落とすことがないよう注意。以下すべて。|

| 環境構成・配慮事項 | ○落ち着いた環境で食事ができるようにする。
○食べようとしない子には好きなものから誘ってみたり、食べたいという気持ちになるよう工夫する。
○顔や手など優しく拭きながら、「きれいになったね」などと話しかけ、気持ち良さを感じるようにする。
○オムツ交換は言葉をかけながらして、心地良さが感じられるようにするとともに、手ばやく交換する。
○オムツが濡れていないときは、無理のないようにオマルでの排せつを促す。
○保育室を少し暗くしたり、子守歌をうたうなどして、安心して眠れる雰囲気をつくる。
○自由に動きたい子どもの気持ちを大切にしながら危険のないよう十分注意する。
○花や飼育動物を見せたり、触れたりすることで気分転換を図る。
○保育者が表情豊かに歌ったり、手遊びを楽しみ、子どもとのふれあいを深めるようにする。 |

オマルについて
・子どもが遊んでしまわないために形のシンプルな物
・消毒や始末のこと
・置き場所は保育室とは別のほうがよいのでは
このような配慮をしたいものです。

環境構成、環境整備も含め、配慮事項としたほうが書きやすかったのではないでしょうか？

保育の内容

睡眠	保健衛生	遊び	配慮事項	評価・反省
○一定時間十分眠る。 約1年の保育歴があっても、すぐ適応するとは言えない。 保育者との関係を育てていく良い機会とする。 だからどうするかを立案します。	○外遊びの後は手や足をきれいに洗う。 ○おやつ・食事の後は濡れタオルで口元をぬぐう。 ○自分でしようとする。	○好きな玩具で遊ぶ。 ○砂場で遊ぶ。 A君のねらい、内容にふさわしい働きかけができなかったのかを具体的に記入したいものです。	○気持ちを受け止め、十分にかかわっていくようにする。 ○今まで使っていた親しみのある玩具を用意しておく。	○新入園児に目も手もとられがちになり、本児とゆっくりかかわる時間が少なかった。 個々の子どもの評価・反省があるのはいいが次の計画に生かされているか？
○一人寝に移行する。 ○新入園児の不安があって午睡を嫌がるかもしれない。 ○"ゴロンとしていいの"と話しかけたり、歌をうたったり、休息できればいいと考えて接する。	○外遊びの後は手や足をきれいに洗う。 ○おやつ・食事の後は濡れタオルで口元をぬぐう。 保育者に助けられながら	○好きな玩具で遊ぶ。 ○砂場で遊ぶ。 3人とも同じ遊びではなく、できるだけねらいを考えて、具体的に立案したいものです。	○気持ちを受け止め、抱いたり、あやしたりして、安心できるようにする。 ○家庭で使っていた玩具に似たものを用意しておく。	○登園して30分ぐらいは泣いていたが、ひとりの保育者がそばにいることで安定するようになってきた。 なぜ「よく泣く」のか記入したいものです。
○一人寝に移行する。 ○不安のため、眠れないこともあるので、そばにいて安心させる。 こんな立案から一歩進んで「きれいになった快さを感じることができるようにする」	○外遊びの後は手や足をきれいに洗う。 ○おやつ・食事の後は濡れタオルで口元をぬぐう。	○好きな玩具で遊ぶ。 ○砂場で遊ぶ。 ○ヨチヨチ歩きを楽しむ。	○気持ちを受け止め、抱いたり、あやしたりして、安心できるようにする。 ●家庭で使っていた玩具に似た物を用意しておく。	○入園後1週間は泣くこともあまりなかったが、月末になるころからよく泣くようになり、決まった保育者が抱っこするようにした。

似た物では気持ちが安定しないのでは？気持ちを落ち着かせるのならお気に入りの物を持たせては？しばらくの間だから。

21

5月

ね ら い	○体の状態を観察し、快適に生活できるようにする。 ○個々の子どもの欲求を満たし、生命の保持と情緒の安定を図る。 ○保育者に見守られながら、安心して遊んだり、生活をする。　　楽しむ
内 容	○個々の子どもの健康・発育状態を的確に把握し、異常のある場合は適切に対応する。 ○体・衣服・身の回りにあるものを常に清潔な状態にしておく。 ○個々の子どもの気持ちを受容し、子どもとの信頼関係を深める。　つくる ○室内外の温度・湿度に留意し、子どもの状態に合わせて衣服の調節をする。 ○保育者に見守られながら玩具や身の回りのもので遊ぶ。 ○保育者に見守られながら園庭での遊びを楽しむ。 ○草花や飼育動物を見たり、触れてみて楽しむ。　○生活のリズムを大切にし、安心して活動する。 ○保育者の歌や手遊びを見たり、聞いたりする。　○園での生活リズムに合わせて排せつができる ○保育者と共に興味のある絵本を見る。　　　　　　ようにする。 この時期として大切な立案と言えます。

※朱書きは、解説についてはゴシック系、不足していると思われることなどについては明朝系と、書体を分けて入れています

名　前 月齢／月	保育の内容		
	健康、安全、欲求の充足	食　事	排せつ
A 男 2歳 生年月日	○生活の場に慣れ、保育者といっしょに安心して過ごす。 ○自分の気持ちを安心して表すことができて生活を楽しむ。 このように保育者が共に行動して情緒の安定を図るために立案します。	○スプーンを使ってひとりで食べる。 ○イスに座って最後まで食べる。 られるようにする。 楽しい雰囲気の中で	○保育者に促されてオマルでする。 ○排せつの後の手洗いを保育者に手伝ってもらい、実行する。
B 女 1歳10か月 生年月日	○好きな保育者とともに安心して過ごす。 ○生活、遊びを通してさまざまなものを自由にいじって遊び、外界のものに好奇心や関心を持つようにする。	○スプーンを使ってひとりで食べようとする。	○昼寝のときのみオムツにし、後はパンツで過ごす。
C 男 1歳1か月 生年月日	○保育者といっしょに探索活動を楽しむ。 ○優しく語りかけたり、発声や喃語に応答し、発語への意欲を育てる。	○スプーンや手に持って食べる。 ○さまざまな食品に慣れるように援助する。 ○保育者がおいしそうに食べるようすを見せ、楽しい雰囲気をつくる。	○パンツで過ごす時間を長くする。

この保育の内容の欄には子どもの姿ではなく、「個々の子どもの状況に応じて保育者が適切に行うべき基礎的事項」として記入します。以下すべての月でいえることです。
※5月より途中入園児3名あり。クラス編成…6か月～1歳3か月未満＝男子1名、1歳3か月～2歳未満＝男子6名・女子5名、2歳＝男子1名の計13名に。保育者は担任2名の他パート1名加入。途中入園児に関してはP.44～45参照。

22

指導計画表

家庭連絡	○園での子どものようすをていねいに知らせる。 ○環境の変化のため、また季節的にも体調を崩しやすい時期なので、健康状態についての連携を密にする。 「ねらい」「内容」にふさわしい、物的、人的などこの5月に合った立案をする箇所です。	行事	○誕生会　　　　　○チャリティーバザー ○こどもの日の集い　○母の日 ○健康診断　　　　（プレゼント渡し） ○身体測定 ○クラス懇談会 ○遠足 ○避難訓練 年の指導計画にあって月の指導計画にはもれていました。

環境構成・配慮事項

○個々に合わせてゆっくりと落ち着いて食べられるよう配慮する。
○食べたいという気持ちを大切にし、スプーンの使用を無理強いしない。　　人的環境をこのように立案し、「ねらい」「内容」にふさわしい働きかけをしたいものです。
○嫌いなものを食べようとしない子には、好きなものから誘ってみたり、保育者やほかの子がおいしそうに食べているのを見せて、食べたいという気持ちが持てるよう工夫する。
○オムツ交換は、保育者の表情や話し方で心地良さを感じられるようにする。　優しく温かい
○無理しないようにオマルで排せつを促し、出たときは「シー出たね」などと認め、オマルでの排せつの心地良さを知らせる。　○食事の仕方や要する時間に個人差があるのを認めながら、徐々に園の仕方に慣れさせる。
○眠れない子にはそばについて優しくトントンしたり、体に触れたりして安心して、眠れるようにする。
○外遊びが増えるので危険のないよう注意し、十分遊べるようにする（遊具の点検・散歩道の確認など）。

保育の内容

この結びつきだけでなく、「養護」と「教育」を具体的に、どのようにしたかを記録したいものです。

睡眠	保健衛生	遊び	配慮事項	評価・反省
○一定時間十分眠る。	○外遊びの後は手や足をきれいに洗う。保育者とともに石けんを使う。	○友達とかかわりながら遊ぶ。 ○両足でピョンピョン跳んで遊ぶ。 ○ぶら下がれるので低鉄棒に誘ったり、保育者が腕を持ってぶら下がって遊ぶことを楽しむ。	○友達とのかかわりを見ながら仲立ちをする。 子どもの発達の側面から示したものを立案します。	○ほかの子も大分落ち着いてきて、本児とも意識的にゆっくりかかわることができて、落ち着いてきた。
○保育者がそばについて眠るようにする。	○外遊びの後は手や足をきれいに洗う。保育者とともに石けんを使う。 "石けんの良いにおい、お水が良い気持ち"感じたことを言葉で言って聞かせる。	○好きな玩具で遊ぶ。	○気持ちを受け止め、抱いたり、あやしたりして、安心であるようにする。	○決まった保育者との関係が安定してきて、少し落ち着いたように思う。 どのように信頼関係を確立したか、例えばことばかけ、スキンシップを「○○した」といったように具体的に。
○一回寝で過ごす日を多くしてみる。	○外遊びの後は手や足をきれいに洗う。保育者とともに石けんを使う。	○好きな玩具で遊ぶ。 ○つまむ、引っぱるなど、手や指を使って遊ぶ。	○歩行が不安定なので、安全面に気をつけながら見守る。 ○生活のすべての場面で喃語や片言を受け止めてもらい、保育者との言葉のやりとりを楽しむ。	○抱っこしながら他児の遊んでいるようすを見て、気分を落ち着かせるようにした。

23

6月 月の

※朱書きは、解説についてはゴシック系、不足していると思われることなどについては明朝系と、書体を分けて入れています

ねらい	○個々の健康状態に配慮しながら梅雨期を快適に過ごせるようにする。 ○個々の子どもの欲求や甘えを受け止め、情緒の安定を図る。 ○保育者に見守られながら、友達と遊びを楽しむ。 「自分で○○しよう」とする気持ちが芽生えるための「ねらい」を立案したいものです。
内容	○個々の子どもの健康や発育の状態を的確に把握し、異常のある場合は適切に対応する。 ○体・衣服・身の回りにあるものを常に清潔な状態にしておく。 ○個々の子どもの気持ちを受容し、子どもとの信頼関係を深める。 → つくる ○室内外の温度・湿度に留意し、子どもの状態に合わせて衣服の調節をする。 ○梅雨期の衛生に留意し、健康に過ごせるようにする。→ 食品の扱いに留意し、保育者、調理師は必ず保菌検査を定期的に実施すること。 ○保育者に見守られながら玩具や身の回りのもので遊ぶ。 ○晴れた日には戸外遊びを楽しむ。 季節を押さえた文として大切です。 ○梅雨期の小動物や花を見たり触れたりして楽しむ。 → 配慮事項で取り上げる。 ○手・指を使った遊びを楽しむ。 ○保育者といっしょに興味のある絵本を見る。 ○繰り返しのある言葉をまねて楽しむ。

結びつきを大切にします。

名前 月齢／月	保育の内容		
	健康、安全、欲求の充足	食事	排せつ
A 男 2歳1か月 生年月日	○新入園児に保育者がかかわる時間が長かったので、ひとりの保育者がゆっくりつきあい信頼関係をとり戻す。 大切な保育のひとつです。このように立案することでひとりひとりを大切にできます。 ○生活に必要な簡単な言葉を聞き分け、さまざまな出来事に関心を持ち、言葉で表す。	○食前・食後のあいさつをする。 ○イスに座って最後まで食べる。 ○食後、うがいをする。	○オマルでした後パンツやズボンをひとりではこうとする。
B 女 1歳11か月 生年月日	○保育者にかかわってもらいながら安定して遊ぶ。 ○さまざまな遊びを通して、子ども相互のかかわりを育てる。 ○保育者や友達の語りかけで発語が促され、言葉を使い始め、楽しむ。	○食前・食後のあいさつをする。 ○スプーンを使ってひとりで食べる。 ○食後、うがいをする。	○時々失敗しながらも、オシッコを保育者に知らせる。 ○保育者の優しい語りかけと援助で、衣服の着脱に興味を持つようにする。
C 男 1歳2か月 生年月日	○生活の場に慣れて保育者といっしょに安心して過ごす。 ○探索活動ができるように安全に注意する。(危険物をとり除く)	○食前・食後のあいさつをする。 ○スプーンや手に持って食べる。 ○保育者や友達の食前・食後のあいさつをまねてする。	○パンツで過ごす時間を長くする。

※クラス編成…6か月～1歳3か月未満=男子1名、1歳3か月～2歳未満=男子6名・女子4名、2歳=男子1名・女子1名

24

指導計画表

家庭連絡	○梅雨時の健康管理(特に食生活)についてよく連絡を取り合う。 ○歯科検診・尿・ぎょう虫検査の結果を知らせ、治療が必要な場合は対処してもらう。	行事	○健康診断(内科・歯科) ○誕生会 ○身体測定　　　　　○父の日(プレゼント) ○移動動物園　　　　○家族参観日 ○避難訓練 ○尿・ぎょう虫検査

保育者が子どもを愛する姿を他児に示すような人的環境も、この欄に立案することを心がけたいものです。

環境構成・配慮事項	○石けんをつけ、指の先、指と指の間などていねいに洗うようにする。 ○自分で食べようとする気持ちを受け止めながら、個々の状態に応じて量など加減する。 ○汗ばむときには顔や首筋などを冷水で拭いて気持ち良く過ごせるようにする。 ○個々の排尿間隔をつかみ、無理なくオマルでの排せつに誘う。 ○失敗したときは濡れたことに気づかせ、すぐに取り替え気持ちが良くなった感覚を大切にしていく。 ○小麦粉粘土や牛乳キャップなど口に入れないよう気をつける。 ○保育者の語りかけを多くし、子どもの言葉をよく聞くようにする。 ○絵本は絵や内容をよく吟味し、落ち着いた雰囲気の中で読む。 ○歯科検診の機会を生かして子どもたちが歯磨きに興味を持つようにする。保育者が歯磨きをしてやる。

保育の内容

睡眠	保健衛生	遊び	配慮事項	評価・反省
○一定時間十分眠る。	○保育者とともに石けんを使い、きれいに洗う。 ○汗の始末をする。 ○シャワーを使ったり、着替えたりする。	○友達とかかわりながら遊ぶ。 ○身の回りの小動物や草花、出来事に興味や好奇心を持ち、探索や模倣などをして楽しんで遊ぶ。絵本を楽しむ。	そばについて、自分でしようとする気持ちを大切にしながらあたたかく援助する。	○本児は友達とかかわりたくてもうまくいかないことも多いので、保育者が仲立ちをしていくようにした。 大変大事な記録のひとつと言えます。
○保育者がそばについて眠るようにする。	○保育者とともに石けんを使い、きれいに洗う。 ○汗の始末をし、皮膚を清潔にすることの快さに気づくようにする。	○保育者や友達とかかわりながら遊ぶ。 登る、降りる、跳ぶ、くぐる、押す、ひっぱるなどの運動を取り入れた遊びを楽しむ。 いじる、たたく、つまむなど指、手先を使う遊びを楽しむ。	○尿意を感じているのを保育者が察して、オマルに誘う。タイミングが合ったときはほめて認めていく。	○園生活にも慣れてきて、おしゃべりが増えてきた。ひとりの保育者を軸にして人間関係を広げていきたい。
○一回寝に移行する。 ○行動が活発になるので、ゆっくりと休息がとれるようにする。	○保育者とともに石けんを使い、きれいに洗う。 ○両手をこすり合わせて洗おうとする。 ○汗の始末をし、皮膚の清潔感を育む。	○保育者と遊びながら、友達のようすを見る。 保育者のすることに興味を持ったり、まねたりして楽しむ。 歌や曲のリズムに合わせて体を動かして楽しむ。	○安全面に気をつけながら活動を見守る。 この結びつきは理解できますが、ほかの方法もあれば、次の保育への出発点となります。	○活発になってきたが足元がまだ不安定なので、行動をしっかりと見ておくように保育者同士声をかけあう。

「内容」は「ねらい」を達成するために子どもの状況に応じて保育者が適切に行なうべき基礎的な事項としてとらえたいものです。

25

7月

ねらい	○個々の健康状態を配慮しながら、梅雨期から夏に向かう時期を健康に過ごせるようにする。 ○保育者や友達と夏の遊びを楽しむ。 教育の「ねらい」を工夫することによって行事が「楽しむ」となります。 「身近な音楽に親しみ、それに合わせた体の動きを楽しむ」といったような立案もできます。
内容	○<u>梅雨期や夏の健康に留意し、健康に過ごせるようにする。</u> ○体・衣服・身の回りにあるものを常に清潔な状態にしておく。 ○水分補給を十分にする。　大切な立案となり、これらで環境構成や配慮・援助に結びつくことを再確認したいものです。 ○室内外の温度・湿度に留意し、換気をする。 ○シャワーをしたり、衣服を着替えたりして、快適に過ごせるようにする。 ○晴れた日は戸外遊びを楽しむ。 ○水の感触を楽しみ、心地良さを味わう。　知る ○手・指を使った遊びを楽しむ。 ○歌や曲に合わせて体を動かすことを楽しむ。

名前 月齢／月	保育の内容		
	健康、安全、欲求の充足	食事	排せつ
A 男 2歳2か月 生年月日	○水分補給を十分にする。 ○手・足の爪を切る。 ○友達を押したりして泣かしたときは、抱っこして、嫌なことだということをわからせる。 同じではなく、3人の個性にどのように合わせるかを立案したいものです。	○スプーンやフォークを使って食べる。 ○苦手なものも少しは食べてみようとする。	○保育者に言葉と動作で尿意を知らせる。 ○排せつをすませたときはっきりと知らせることができるようにする。
B 女 2歳 生年月日	○水分補給を十分にする。 ○手・足の爪を切る。 ○トラブルで泣いたときは抱っこして、ゆっくり話を聞くようにする。 どのように個々の子どもの状況に応じるかをできたら立案します。	○スプーンを使ってひとりで食べる。 ○苦手なものも、少し口に入れて味わってみようとする。	○保育者に促されてオマルでする。 ○尿意を保育者に知らせる。
C 男 1歳3か月 生年月日	○水分補給を十分にする。 ○手・足の爪を切る。 ○戸外に出ることが多くなるので事故防止に努め、感染症への配慮をする。 ○"おいで""ちょうだい"など、言われた言葉を理解する。 ○靴や衣服を自分で脱ごうとする気持ちを育てる。	○なるべくスプーンで食べる。	○昼寝以外はパンツで過ごす。 ○便器に慣れ、決められた場所で排せつできるようにする。

※クラス編成…1歳3か月～2歳未満=男子7名・女子3名、2歳=男子1名・女子2名

※朱書きは、解説についてはゴシック系、不足していると思われることなどについては明朝系と、書体を分けて入れています

26

指導計画表

家庭連絡	○梅雨期から暑くなる時期の健康管理についてよく連絡を取り合う。 ○着替えの衣服（特にシャツ・パンツ）を多い目に持ってきてもらう。 ○プール表の記入を忘れずにしてもらう。	行事	○七夕の集い・七夕送り ○プール開き ○誕生会 ○身体測定 ○避難訓練 ○夏祭り ○泥んこ遊び

環境構成・配慮事項	○石けんをつけ、指の先、指と指の間などをていねいに洗うようにする。　○朝の健康観察の際、プール遊びのできない子どものチェックをする。 ○水遊びが始まるので、日々の子どもの状態をしっかりと把握しておく。　　○プール遊びができない理由を理解して、遊びの場と玩具などの ○衣服の着替えをこまめにしたり、シャワーをするなど体調に合わせて配慮する。　用意をしておく。 ○七夕の笹飾りを保育者といっしょに歌ったりしながらつけるようにする。 ○乳児用のプールを用意するが、嫌がったり、怖がったりする子にはタライやベビーバスなどで遊べるようにしておく。　水に対して恐怖感を与えない配慮としてこの立案が大切です。 ○水に浮く玩具やバケツ・ジョウロなど、なるべく人数分揃える。 ○水を飲まないよう、また水深は10cmぐらいまでにするなど気をつける。 満2歳になる子どもの生活と、1歳3か月の子どもの生活（約1年の開き）への配慮が必要になってきます。

結びつきを大切にして個々の発達に合わせます。

保育の内容

睡眠	保健衛生	遊び	配慮事項	評価・反省
○一定時間、十分に眠る。 ○風通しの良い静かな環境の中で十分眠る。 ○食事の後や遊びの後の休息をする。	○手洗いをしっかりとする。 ○シャツをこまめに取り替える。 ○プール遊びの前に体を清潔にしてもらう。	○水の感触を楽しみながら、保育者・友達と遊ぶ。 ○水遊びのために着替えを自分でしようとする。 ○保育者といっしょに簡単なごっこ遊びを楽しむ。	○保育者がおいしそうに食べてみせたり、励ましたりして援助する。 ひとりひとりの内容に結びついた評価を、このように記入します。	○苦手な野菜類が出てくると席を立とうとしたりするので、量を加減したりなどして、工夫してみる。
○一定時間、十分に眠る。 ○風通しの良い静かな環境の中でゆっくり眠る。 ○食事の後、遊びの後の休息をする。	○手洗いをしっかりとする。 ○シャツをこまめに取り替える。 ○プール遊びの前に体を清潔にしてもらう。	○水の感触を楽しみながら、保育者・友達と遊ぶ。 ○水遊びのための着替えを喜んでいる。 ○友達に関心を持つ。	○無理のないようにオマルに誘い、タイミングが合ったときはほめて、自信がつくようにしていく。 4月からの中で欲求の充足や遊びの中で結びつきを工夫したかどうかを評価します。	○オマルでの排せつができるようになり、出た後はうれしそうに保育者に報告する。今後も認めながら自信を持たせていく。
○一回寝になる。 ○食事の後、遊びの後の休息をする。 ○気温、湿度によってはクーラーや扇風機を使って、眠りに入ったら止めたり調整する。	○手洗いをしっかりとする。 ○シャツをこまめに取り替える。 ○シャワーを楽しむ。	○水の感触を楽しみながら、保育者・友達と遊ぶ。Ⓐ ○保育者に見守られ、ひとり遊びを十分楽しむ。	○スプーンで食べやすい大きさに切ったり、そばで援助しながら食べようとする意欲を大切に見守る。Ⓑ	○水遊びは喜んでいるので良かったが、友達をかんだりすることもあるので、気をつけるようにしていく。

ⒶⒷに立案してありません。工夫したいものです。

27

8月

ねらい 7月と同じ	○暑い夏を健康に過ごせるようにする。 ○保育者や友達と夏の遊びを楽しむ。 この他、ねらいとして教育的なもの（言葉・表現・環境）などさまざまなことがあるはずです。 4～3月までをみると立案に偏りがあるので注意しましょう。
内容	○個々の体調に留意し、健康に過ごせるようにする。 ○水分補給を十分にする。 ○室内外の温度・湿度に留意し、換気をする。 ○昼寝など休息を十分にとる。 ○戸外遊びを楽しむ。 ○水の感触を楽しみ、心地良さを味わう。 知る ○歌や曲に合わせて体を動かすことを楽しむ。 喃語に会話らしい抑揚がつくようになる。 しだいに身近な単語をいくつか話すようになる。 この頃の子どもの姿があるはずです。 それも考え合わせた内容を立案しましょう。

※朱書きは、解説についてはゴシック系、不足していると思われることなどについては明朝系と、書体を分けて入れています

名前 月齢／月	保育の内容		
	健康、安全、欲求の充足	食事	排せつ
A 男 2歳3か月 生年月日	○水分補給を十分にする。 ○手・足の爪を切る。 生活に必要な簡単な言葉を聞き分ける。	○スプーンやフォークを使って食べる。 ○苦手なものも少しは食べてみようとする。	○保育者に言葉や動作で尿意を知らせる。 ○保育者が見守る中で自分で排せつをする。
B 女 2歳1か月 生年月日	○水分補給を十分にする。 ○手・足の爪を切ってもらう。 体がしっかりしてきて、あまりころばなくなる。 本のページを1枚ずつめくったりする。 二語文を使い始める。"ワンワンきた"など。	○スプーンを使ってひとりで食べる。 ○苦手なものも少しは食べてみようとする。	○保育者に促されてオマルでする。 ○尿意を保育者に知らせる。
C 男 1歳4か月 生年月日	○水分補給を十分にする。 ○手・足の爪を切ってもらう。 ○友達をかんだりしたときは、抱っこして悪いことということをわかるようにする。 身近な人や欲しい物に興味を示し自分から近づいていく。 簡単な言葉が使えるようになってくる。 欲求や意思を身振りなどで伝えようとする。	○スプーンを使ってひとりで食べる。 ○コップを両手に持って飲むことができるようにする。	○昼寝以外はパンツで過ごす。

この「もらう」は、もらうように指導したい保育になるので注意します。

このころ見られる姿を考え合わせた立案を。

※クラス編成…1歳3か月～2歳未満＝男子7名・女子2名、2歳＝男子1名・女子3名

28

指導計画表

家庭連絡	○着替えの衣服の補充を常にしておいてもらう。 ○クーラーで保育室を冷やし過ぎたり、大人の都合で子どもを疲れさせることのないよう気をつけてもらう。	行事	○誕生会 ○身体測定 ○避難訓練 ○プール終了 ○水遊び

重要な配慮となります。　Ⓐ

環境構成・配慮事項	○ひとりひとりの体調を把握し、水遊びをする。 ○戸外に出るときは木陰を選んで遊ばせたり、帽子をかぶらせる。 ○室内と外との温度差に気をつけ、クーラーの調節をしたり、扇風機を使う。 ○乳児用のプールを嫌がる子には保育者が抱っこして入り、遊んだりなど無理はしないよう気をつける。 ○子どもたちの好きな歌や曲に合わせて保育者も口ずさんだり、いっしょに楽しそうに踊る。 ○沐浴やシャワーを楽しむ。

簡単な衣服はひとりで脱ぐようになる頃です。

保育の内容

シャワーを使ったり　　　　　　　　　　　Ⓐを詳しくすることがここに出てきます。

睡眠	保健衛生	遊び	配慮事項	評価・反省
○一定時間、十分眠る。 ○寝入ったら扇風機は止める、エアコンも温度調整。 ○目覚めたとき、湯ざましを飲む。	○沐浴をする。 ○シャツをこまめに取り替える。	○保育者や友達と水遊びをする。 ○裸足になって砂や土の感触を楽しむ。 Ⓑ 同じ文でなく、個々に合わせた立案をしたいものです。	○苦手な食事だとすぐ席を立とうとするので保育者もいっしょに食べたり励ましたり、量を減らすなどする。	○苦手なものは皿ごと押しやったりするので、１対１でゆっくり楽しく食べられるよう工夫していく。 配膳の結末はどのようだったかを評価します。
○一定時間、十分眠る。 ○寝入ったら扇風機は止める、エアコンも温度調整。 ○目覚めたとき、湯ざましを飲む。	○沐浴をする。 ○シャツをこまめに取り替える。 三人が同じではないはずです。個々の発達に合わせると？	○保育者や友達と水遊びをする。 ○裸足になって砂や土の感触を楽しむ。 「Aちゃんと…」 「Bちゃんと…」 「いっしょに…」というようにします。	○無理のないようにオマルに誘い、タイミングが合ったときはほめて、自信がつくようにしていく。	○水遊びは喜んでしたのでよかった。玩具の取り合いなどで泣かされることが多いので、保育者が仲立ちとなり、気持ちを受け止めていくようにする。
○一定時間、十分眠る。 ○寝入ったら扇風機は止める、エアコンも温度調整。 ○目覚めたとき、湯ざましを飲む。	○沐浴をする。 ○シャツをこまめに取り替える。 顔や手足が汚れると気持ちの悪さがわかる頃です。	○保育者や友達と水遊びをする。 ○裸足になって砂や土の感触を楽しむ。 ○探索活動が活発になり、身近な人や物に自分がかかわりを持つ。	○自分で食べようとする姿が多くなってきたので、必要なときのみ援助するようにしていく。	○水遊びがやりたいのに体調が悪く、入れないとわかると泣いた。代わりの遊びを提供しようとしてもなかなか受け入れなかった。

個人差を立案したいものです。

代わりの環境が悪かったのか、援助が問題であったのかを記入します。

29

9月 月の

※朱書きは、解説についてはゴシック系、不足していると思われることなどについては明朝系と、書体を分けて入れています

ねらい	○個々の心身の状態を観察し、健康に快適に過ごせるようにする。 ○保育者や友達と体を動かして遊ぶことを楽しむ。 　　発達の視点から幅広い「ねらい」があります。 　　多く立案せよとは言いませんが、工夫したいものです。
内容	○ひとりひとりの体調を把握し、無理なく過ごせるようにする。 ○甘えたい欲求を受容し、気持ちを安定させる。 ○体・衣服・身の回りにあるものを常に清潔な状態にしておく。 ○室内、外の温度・湿度に留意し、換気をよくする。 ○水分補給を十分にする。 ○保育者に見守られ、外遊びやひとり遊びを楽しむ。 ○好きな玩具や遊具に自らかかわり遊ぶ。　○土、砂、水で楽しんで遊ぶ。 ○歌を聞いたり、手遊びをしたり、曲に合わせて体を動かしたりして遊ぶ。 ○走る、ぶら下がる、よじ登る、跳び降りるなど全身を使って思い切り遊ぶ。 ○身の回りのことを自分でやりたがるのでドンドンやらせる。 ○保育者や他児のまねをして体操や身体表現を楽しむ。

クラス全体としては立案されていますがひとりひとりには量、タイミング、ことばかけなどの違いを具体的に記入したいものです。ひとりひとりを大切にする保育の基本と言えます。

名前 月齢／月	保育の内容		
	健康、安全、欲求の充足	食事	排せつ
A 男 2歳4か月 生年月日	○水分補給を十分にする。 ○園外に出るときは手をつなぎ、道路は走らないようにする。 園外に出るときは慣れているといっても、連れて行く子どもたちが初めてであれば改めて計画をたて、昼食、昼寝などにずれこまないようにする必要があります。	○イスに座って最後まで食べる。 ○苦手なものも食べてみる。	○保育者に言葉や動作で尿意を知らせる。
B 女 2歳2か月 生年月日	○水分補給を十分にする。 ○園外に出るときは手をつなぎ、道路は走らないようにする。 手をつないで並んで歩くのは難しいことなので車の来ないところを自由に歩いて、遊んで楽しんでだんだんこの計画のようにしていく経験をさせてはどうでしょうか。年長児たちの散歩をまねて園庭でお散歩ごっこから始めてはどうですか？	○スプーンやフォークを使って食べる。 ○苦手なものも食べてみる。	○保育者に促されてオマルでする。 ○尿意を保育者に知らせる。 ○排せつしたことを保育者にはっきりと知らせる。
C 男 1歳5か月 生年月日	○水分補給を十分にする。 ○乳母車に乗せ、目的地に着いたら他児と同様に遊ぶようにする。 乳母車で保育者とCちゃんだけのお散歩……いいですね。必ず帽子を着用してください。ひとりでも道順と帰ってくる時刻、行き先などを報告して出かけなければいけません。	○イスに座って最後まで食べる。 ○スプーンを使ってひとりで食べる。	○促されてオマルでする。

いろいろな障害を作って、それを越えて、跳んで、くぐって、遊んでみてはどうでしょうか？

※クラス編成…1歳3か月〜2歳未満＝男子6名・女子2名、
　　　　　　2歳＝男子2名・女子3名

30

指導計画表

家庭連絡	○衣服の補充を常にしておいてもらう（多めに）。 ○夏の疲れが出やすいときなので、急な発熱のときなどすぐ連絡がとれるようにしておいてもらう。 Ⓐ	行事	○誕生会 ○身体測定 ○避難訓練 ○運動会リハーサル

環境構成・配慮事項	○遊んだ後など汗をかいたらこまめに着替えるようにし、清潔で快適に過ごせるようにする。 ○昼寝前にシャワーをしたり、風通しをよくして涼しいところで気持ち良く眠れるようにする。 ○自分で食べようとする気持ちを大切にしながら援助する。 ○個々の排泄間隔をつかみ、無理のないようオマルに誘ってみる。オマルでの排せつに成功したときは、ほめて満足感が味わえるようにする。失敗したときは、濡れたことに気づかせ、不快感を感じるようにするとともに、すぐに取り替え、気持ちが良くなった感覚を大切にしていく。 ○ひとり遊びしているときは子どもから共感を求めてきたり、助けが必要なときのみ援助するようにし、なるべく見守るようにする。 ○危険物のないように常に安全点検をしておく。

（環境構成欄の赤字メモ）
- このような立案ができるようにしたいものです。
- 園外に出るときはデイリープログラムの時間の流れをくずさないように食事やお昼寝にずれこまないように計画すること。

保育の内容

どんな近いところでも緊急のことを考え、3人以上が引率に加わってください。

睡眠	Ⓐ 保健衛生	遊び	配慮事項	評価・反省
○一定時間、十分眠る。 ○目覚めたとき、湯ざましを飲む。	○沐浴をする。 ○シャツをこまめに取り替える。 Ⓑ	○友達と手をつないで歩く。 ○マットの上で跳んだり、転がったりする。 ○ごっこ遊びを楽しむ。	○保育者も子どものそばについて励ましたり、ほめたりしながら食べるようにする。	○暑いとグズグズ食事中でも言うことが多かったので、食前に沐浴をして、サッパリするなどした。
○一定時間、十分眠る。 ○目覚めたとき、湯ざましを飲む。	○沐浴をする。 ○シャツをこまめに取り替える。	○保育者や友達と手をつないで歩く。 ○マットの上で跳んだり、転がったりする。 ○手をつないで歩く遊びを工夫して普段から慣れておく。	○好きな保育者がそばにいれば友達とも手をつないだりできるよう見守る。	○友達との関係もつくようになってきている。ほかの保育者でもスムーズに行動に移れるようになってきた。
○一定時間、十分眠る。 ○目覚めたとき、湯ざましを飲む。	○沐浴をする。 ○シャツをこまめに取り替える。	○乳母車に乗って散歩したり、公園内を歩いてみたりする。	○危険のないよう十分注意しながら遊びを見守る。	○自分の思いが相手に伝わらず、イライラしてかみつくようなので、保育者が代弁するようにして本児がかみつく前に止めるようにした。

（赤字メモ）
- 着替え方の個人差を立案したいものです。「気持ち良く」「歌いながら」といったように。
- A君に対して大切な言葉と言えます。
- どのように働きかけをしたかを記録したいものです。
- 運動の機能の発達がめざましい。いろいろな能力が増す。いたずらが目立ってくる。そのようなことを考え合わせた立案を。
- 同じ保育でしょうか。ひとりひとりの眠るときのクセがあるかも知れません。個人の内容の違いをできたら工夫したいものです。

31

10月 月 の

ねらい	○個々の心身の状態を観察し、健康で快適に過ごせるようにする。 ○秋の自然に触れて遊ぶことを楽しむ。 ○戸外で体を動かして遊ぶことを楽しむ。 人とのかかわりの発達、言葉の発達などをさらに工夫したいものです。	「ねらい」「内容」に結びついた文章です。参考にし、実践に役立つよう努力したいものです。
内容	○個々の子どもの健康状態を把握し、無理なく過ごせるようにする。 ○個々の欲求を受け止め、安心して生活できるようにする。 ○換気、通風を良くして、気持ち良く過ごせるようにする。 ○水分補給を十分にする。 ○保育者に見守られ、外遊びを十分にする。 ○草花・木の実・虫などに自分からかかわり、遊ぶ。 ○手遊びや曲に合わせて体を動かして遊ぶ。 ○絵本や紙芝居を楽しんで見たり、聞いたりし、繰り返しの言葉のおもしろさを知る。	

※朱書きは、解説についてはゴシック系、不足していると思われることなどについては明朝系と、書体を分けて入れています

この頃の子どもに見えるであろう姿です。考え合わせて立案しましょう。

名前 月齢／月	保育の内容		
	健康、安全、欲求の充足	食事	排せつ
A 男 2歳5か月 生年月日	○段差を跳び降りるので、安全には注意しながら遊ぶ。 ○友達と手をつないで歩く。 好きな保育者の話すことは、きちんと聞こうと集中している。 言葉が巧みになり、"これなーに" "これは" など、物の名前を知りたがる。 ただ聞くだけであった経験が、子ども同士でいっしょに何かをしたという喜びを共感すること、喜びを表現するようになる。	○スプーンやフォークをうまく使って食べる。 ○苦手なものも食べてみる。 ○箸に興味を持たせ、使ってみようという気持ちを育てる。	○昼寝中もパンツにする。 ○オマルだけでなく、乳児用の便器でもしてみる。 ○排せつ後の手洗いがわかるように働きかける。
B 女 2歳3か月 生年月日	○保育者に言葉でいろいろ伝えようとするのをていねいにかかわって聞き取り、受容していく。 ○簡単な言葉のやり取りを楽しむ。	○正しいスプーンの持ち方で食べる。 ○苦手なものも食べてみる。	○尿意・便意を言葉や動作で保育者に知らせる。 ○排せつ後の始末、手洗いを覚えてしようとする。
C 男 1歳6か月 生年月日	○危険のないところで保育者と手をつないで歩く。 ○大小のボールでいろいろな遊びを楽しむ。 ○高さ10cmぐらいの箱を助けなしで登ったり、降りたりして楽しむ。 ○"これ、ポイしてちょうだい" など簡単な指示がわかり、さまざまなことに関心を示し、言葉で表す。 ○クレヨンを使ってなぐり描きをして楽しむ。 ○積み木を重ねて遊ぶ。	○イスに座って最後まで食べる。 ○スプーンを使ってひとりで食べる。	○保育者に促されてオマルでする。

※クラス編成…1歳3か月～2歳未満＝男子6名・女子1名、2歳＝男子2名・女子4名

指導計画表

家庭連絡	○着替えを多めに補充しておいてもらう。 ○戸外で遊ぶことが多いので、睡眠はたっぷりとれるよう早めに寝かせるようにしてもらう。 ○行事がたくさんあるので、親にも参加してもらう行事やお弁当が必要な行事など、早めにもれなく伝える。	行事	○はだしっ子運動会 ○誕生会 ○身体測定 ○避難訓練 ○イモ掘り ○遠足 ○交通教室

家庭での状態を聞き、保育に生かせるような記録はつけたいものです。
→ ひとりひとりを愛する保育者としての基本と言えます。

環境構成・配慮事項

○日中はまだ暑いときもあるので、水分補給には気をつける。
○保育者や友達がおいしそうに食べる姿を見せて、苦手なものでも食べてみようとする気持ちが持てるよう工夫する。
　← 人的環境として最も大切な立案です。このように記入したいものです。
○個々の排尿間隔をつかみ、無理のないようオマルに誘う。成功したときはほめて満足感が味わえるようにする。失敗したときは、濡れたことに気づかせ、不快感を感じられるようにするとともに、すぐ取り替えて気持ちが良くなった感覚を大切にしていく。
　園外に出る理由が特にないのなら、園庭で自由に走り回って遊ぶほうがよいのでは？
○園外に出るときは乗り物や道路事情など、特に危険のないよう注意する。
○園庭・公園・寺・神社など、子どもが虫や木の実などを見つけやすいところに行ったり、見つけた喜びを共感する。
　当方が注意していても避けられないこともあると考えたい。

「ねらい」のために大切な記入と言えます。　**保育の内容**　この時期に適切な保育者の対応として記入したいものです。

睡眠	保健衛生	遊び	配慮事項	評価・反省
○一定時間、十分眠る。	○ふとんが濡れてしまったときは、シーツの洗濯、ふとん干しなどしっかりして清潔にする。	○友達と手をつないで歩く。 ○段差を跳んだり、鉄棒にぶら下がったりする。	○段差があると、すぐ跳び降りようとするので、危険のないよう手を持ったり、禁止したりする。	○他児の動きと本児の動きに差が出てきているので、保育者間での遊び方の工夫など、常に調整していく必要がある。
○一定時間、十分眠る。	○戸外遊びの後は手や足をきれいに洗う。	○友達と手をつないで歩く。 ○鉄棒にぶら下がったり、マットの上で転がったりする。 ○スベリ台を楽しむ。	○保育者に言葉などで伝えようとすることが増えているので、大切にしてゆっくりかかわるようにする。	○保育者が理解できなくて聞き直しをして失敗した。意味不明であっても抱き取り、「うん、うん」と聞くことがまず第一と思った。
○一定時間、十分眠る。	○戸外遊びの後は手や足をきれいに洗う。	○マットの上で転がったり、跳んでみたりする。 ○三輪車を押して動かす。	○動きが活発になってきたので、ケガには十分注意する。	○自分がやりたいのにうまくいかず、怒り出すことが多かった。援助の仕方も子どもに応じて変えることの難しさを痛感した。

寝相が悪かったり、目覚めをさわやかにしてやる。言葉をかけてやるとかすぐトイレに行くようにするとか、それぞれが異なっているはずです。

保健衛生面として養護活動として大切なテーマです。

重要なことで次の援助への工夫になります。

聞きじょうずな保育の基本と言えます。

ボールのやり取りのように物を仲立ちとしたふれあいがさかんになってくる。そのようなことを考慮して立案しましょう。

個人差を押さえるためにも大切な記入と言えます。

C君には具体的にどのようにしたかを記入したいものです。

33

11月

※朱書きは、解説についてはゴシック系、不足していると思われることなどについては明朝系で、書体を分けて入れています

ねらい	○個々の心身の状態を観察し、健康で快適に過ごせるようにする。 ○秋の自然物に触れて遊ぶことを楽しむ。 ○手や指を使って遊ぶことを楽しむ。
内容	○朝・夕の気温差や個々の体調に応じて衣服の調節をする。 ○個々の欲求を受け止め、安定した生活ができるようにする。 ○手・指を石けんで洗った後はタオルで水気をしっかり取る。 ○ハナが出たときはすぐ拭くようにし、気持ち良さがわかるようにする。 ○保育者に見守られながら、シャツ・パンツ・ズボンの着脱をしようとする。 ○スプーンやフォークを使って、こぼしながらも自分で食べる。 ○木の実や小麦粉粘土の感触を楽しんだり、もて遊んだりする。

朱書き注記:
- 「養護」として大切な立案と言えます。「養護」と「教育」を分けて保育をすることはなかなか困難ですが工夫することによってひとりひとりを大切にした保育に結びつきます。
- トルツメ
- まず保育者の養護活動により、次には自発的な行動を乳幼児ができるようになります。養護と教育が一体となった保育です。能力を配慮したりひとりひとりを大切にしたいものです。

名前 月齢/月	保育の内容		
	健康、安全、欲求の充足	食事	排せつ
A 男 2歳6か月 生年月日	○語い量も増えてきているが友達に通じないと物を取り上げたり、押しのけたりするので、トラブルになりそうなときは抱っこして保育者がゆっくり話すようにする。 保育者や友達にいろいろ要求を出す。2歳前には反対されたり、理由の説明ができず泣いていたのが、何とか説明しようとするようになった。	○スプーンやフォークをうまく使って食べる。 ○量を加減してもらい、最後までひとりで食べる。	○乳児用の便器を使う。
B 女 2歳4か月 生年月日	○急に厚着にせずベストなどでこまめに調節していく。 すべて楽しい雰囲気の元でという文章を入れたいものです。このような記入では食べることにも劣等感を持つ子どもが出る場合もあります。食べたくないときの配慮・援助はどうなるのでしょうか。	○正しいスプーンの持ち方で食べる。 ○苦手なものも食べてみる。	○尿意・便意を言葉や動作で保育者に知らせる。
C 男 1歳7か月 生年月日	○ベストなどで寒いときはこまめに調節していく。 ○片言にていねいに応じていく。 ○歌や曲に合わせて体を動かして楽しむ。 語い数が増えてくる。自分の名前に反応する。他児への関心を持ち、近づいて行ったりする。歩行の完了に従い、外に出たがる。	○スプーンを使ってひとりで食べる。 ○最後までイスに座って食べる。 このような、この時期の子どもの姿を考え合わせた立案を。	○保育者に促されてオマルする。

※クラス編成…1歳3か月〜2歳未満＝男子5名・女子1名、2歳＝男子3名・女子4名

34

指導計画表

家庭連絡	○寒くなる日もあるので、ベストなど調節できる衣服を用意してもらう。 ○寒くなったからとすぐ厚着にしないで園と連携をとりながら進めるようにしていく。	行事	○もみじ誕生会 ○身体測定 ○避難訓練－消防署との合同訓練 ○健康診断(内科) ○いのこの日 ○勤労感謝の日(プレゼント渡し)

環境構成・配慮事項	○朝・夕と日中の温度差があるので常に体調の変化に気をつける。 ○寒さに向かうので、自分のタオルで手を洗った後は水気をしっかり拭き取るよう援助する。 ○自分で食べたい、食べようとする気持ちを大切にしつつ、個々に応じた援助をする。 ○ひとりで脱いだり、はこうとしているときは見守るようにし、できないところのみ手伝うようにする。 ○子どもたちが発見できるように、ゆっくり遊ぶようにし、落ち葉や木の実を拾うなどの経験が楽しめるようにする。 ○『どんぐりころころ』や『いぬのおまわりさん』『こんこんクシャンのうた』など、子どもたちが親しみをもって聞いたり、保育者とともに口ずさめる歌を楽しくうたう。

→ 結びつきを考えて個々の子どもの興味・関心に合わせます。

保育の内容

睡眠	保健衛生	遊び	配慮事項	評価・反省
○一定時間、十分眠る。	○ハナが出たら保育者に知らせる。 ○嫌がらずにハナを拭いてもらい、気持ち良さをわかる。	○木の実(ドングリ・マツボックリなど)を見つけ、拾う。 ○小麦粉粘土をちぎったり、丸めたり、たたいたりする。	○友達に乱暴なことをしたときは相手の気持ちを代弁して、してはいけないことをわからせるようにする。	○本児のすることを他児との関係において禁止することが多くなってしまった。
○一定時間、十分眠る。	○ハナが出たら保育者に知らせる。 ○嫌がらずにハナを拭いてもらい、気持ち良さをわかる。	○木の実(ドングリ・マツボックリなど)を見つけ、拾う。 ○小麦粉粘土をちぎったり、丸めたり、たたいたりする。	○友達とかかわって遊ぶことが増えてきたので、見守るとともに思いを伝えられるよう援助する。	○友達と遊んでいるときはけっこう大きな声で話したりしている。遊びを中断させないよう、見守ることを心がけた。
○一定時間、十分眠る。 ○寝起きが悪いので早めに寝かせる。 ○パジャマに着替えるときマッサージや乾布摩擦をし、スキンシップを図る。	○嫌がらずにハナを拭いてもらい、気持ち良さをわかる。	○木の実(ドングリ・マツボックリなど)を見つけ、拾う。 ○小麦粉粘土をちぎったり、丸めたり、たたいたりする。	○片言が出てきているので、ていねいに応え、友達との関係もつないでいくようにする。	○片言が出てきて相手にも意思が伝わることも増えるとともにかむ回数が少なくなった。保育者が仲立ちとなって意思を伝えていく。

→ このように、どう働きかけたか記入したいものです。

まったく同じ文章でなく、ひとりひとりの発達の違いを考慮すると文章が異なります。
友達とのかかわりも工夫すれば配慮事項も理解できます。

12月

ねらい	○個々の心身の状態を観察し、健康に快適に過ごせるようにする。 ○保育者を仲立ちとして、室内遊びを楽しむ。 　「ねらい」の中で教育的な面でさらに工夫することによって、行事のときのかかわりが生きてくると思います。「○○にかかわり……関心を持つ」などがあります。
内容	○個々の体調に応じて衣服の調節をする。 ○個々の欲求を受け止め、安定した生活ができるようにする。 ○室内外の温度・湿度に留意するとともに適度に換気も行なうようにし快適に過ごせるようにする。 ○ハナ水を拭いたり、手洗い後は水気をしっかり拭き取るようにする。 ○保育者に見守られながら、シャツ・パンツ・ズボンの着脱をしようとする。——トルツメ ○スプーンやフォークを使って、こぼしながらも自分で食べる。 ○保育者や友達と簡単なごっこ遊びをする。ごっこ遊びの中で言葉のやりとりを楽しむ。 ○絵本や紙芝居を楽しんで見たり聞いたりし、繰り返しのある言葉をまねて楽しむ。 　このように記入してありますが、時には家庭環境が入所のときと異なって、家族構成が変化している場合もあります。保育の実践で工夫したいところです。

※朱書きは、解説についてはゴシック系、不足していると思われることなどについては明朝系と、書体を分けて入れています

名前 月齢／月	保育の内容		
	健康、安全、欲求の充足	食事	排せつ
A 男 2歳7か月 生年月日	○暖かい日は戸外に出て気分を発散する。 ○戸外（園庭）を歩き回らせ、新しいものの発見を助け、楽しむ。 ○ゆったりと落ち着いた雰囲気の中で遊びを思う存分楽しませる中で、やってよいこと、してはいけないことをわからせる。	○スプーンやフォークをうまく使って食べる。 ○よくかんで食べる。	○乳児用のトイレに行く。 ○出たら知らせる。
B 女 2歳5か月 生年月日	○暖かい日は戸外に出て気分を発散する。 ほかの月のチェックを参考にしてください。	○初めての食べ物でも少しずつ食べてみる。 ○最後までひとりで食べる。 ○お箸に興味を持たせる。	○昼寝中もパンツで過ごす。
C 男 1歳8か月 生年月日	○暖房器具に触れないように十分注意する。 Cちゃんだけの問題ではない。もちろん、触れないようにとの指導は必要だが環境構成・配慮事項で取り上げ、全職員が共通理解できていないと困ります。 暖房器具については1月の指導計画にふれてあるが実際に使用する前に協議しましょう。	○よくかんで食べる。 ○遊び食いをしないで最後まで食べる。	○促されてオマルでする。 ○オマルに座って排せつすることが多くなる。

※クラス編成…1歳3か月～2歳未満＝男子4名・女子1名、2歳＝男子4名・女子4名

指導計画表

家庭連絡	○生活発表会の案内をする。 ○内科検診の結果を知らせ、治療が必要な場合は対処してもらう。 ○正月休みに、大人の都合で子どもを振り回さないように気をつけてもらう。 歯科、内科、身体測定の結果などを保育にどう生かしているのでしょうか。	行事	○もちつき大会 ○生活発表会 ○クリスマス誕生会 ○身体測定 ○避難訓練 ○健康診断(内科)
環境構成・配慮事項	○オマル・パンツの着脱台、オムツ交換用のマットは常に清潔にしておく。 ○自分で食べたいという気持ちを大切にしながら個々に合わせて援助する。　優しく ○「フンしてみようね」と鼻をかむことを知らせながら拭き、気持ち良くなることを感じるようにする。 ○ひとり遊びをしているときは見守り、トラブルが起こりそうなときは仲立ちをし、遊びが楽しく続くようにする。 ○自由に動きたい子どもの気持ちを大切にしながら危険のないよう注意し、好きなところで十分遊べるようにする。 ○季節の歌『こんこんクシャンのうた』や動物の歌をうたったり、保育者とともに楽しめるように工夫する。			

保育の内容

大切な記入で結びつきがよく理解できます。

睡眠	保健衛生	遊び	配慮事項	評価・反省
○一定時間、十分眠る。 ○暖かくして眠る。	○手洗いの後はタオルでしっかり拭き取る。 ○ハナが出たら嫌がらずに拭いてもらう。 Ⓐ Ⓐとの結びつきを考え、個人差を配慮します。	○保育者や友達と楽しくうたったり、手遊びをする。 ○小麦粉粘土を丸めたりして遊ぶ。 ○三輪車のかじを取り、押して歩く。	○冷たくなってきたので手洗いの後は水気をしっかり拭き取るようにする。	○手遊びや歌を楽しそうにするので他児がまねて朝のおやつ前がずい分楽しい時間になった。
○一定時間、十分眠る。 ○暖かくして眠る。	○ハナが出たら嫌がらずに拭いてもらう。 Ⓐ	○保育者や友達と「入れて」「いいよ」「トントン」「だれですか？」など言葉のやりとりを楽しむ。 ○絵本を読んでもらって楽しむ。	○ごっこ遊びが好きなので保育者が仲立ちとなって友達とのやりとりも楽しませる。 ふりや見立て、言葉などひとつでも具体的に記録したいものです。	○誘うと男児もそばに来るが、ごっこ遊びは女児が集まってすることが多く、本児も中心になってうれしそうな場面が多かった。
○一定時間、十分眠る。 ○暖かくして眠る。	○ハナが出たら嫌がらずに拭いてもらう。 Ⓐ	○歌や曲に合わせて体を動かして楽しむ。 ○簡単なところはいっしょに歌う。	○アンパンマン体操など好きな曲が鳴り出すとうれしそうにするので、CDなどを常に置くようにする。	○CDプレーヤーを床に置いたら、そればかりが気になってしまい、失敗した。 保育者として何を失敗したかを明確にしたいものです。

個人差を立案したいものです。

1月

ね ら い	○暖房器具を使うので安全面に留意し、快適に過ごせるようにする。 ← 冬の時期として他の面の「養護のねらい」も立案したいものです。 ○保育者を仲立ちとして室内遊びを楽しむ。 Ⓐ正月遊びに使う玩具に親しみ、それを使った遊びを楽しむ。 Ⓑさまざまな遊びを通して他児とのかかわりを持つ。 　その他、発達の視点で幅広い立案をしたいものです。
内 容	○室内の温度・湿度に気をつけ、換気を良くする。 ○朝夕の気温差や個々の体調に応じて衣服の調節をする。　← 冬の時期の子どもの状況に応じて保育者が適切に行なうべき基礎的な事項として大切な立案です。 ○ハナ水や手洗いの後はきれいに拭くようにする。 ○暖かい日は、戸外に出て外気にふれる。 ○ハナ水が出たら、不快感を持ち、保育者に知らせたり、友達のを見ても知らせようとする。　トルツメ ○保育者や友達と簡単なごっこ遊びをする。 ○コマ回しを見たり、ハガキだこを揚げたりなど正月遊びをする。 　→ 季節や地域の中で大切な体験もできるようにこのように立案したいものです。

名前 月齢／月	保育の内容		
	健康、安全、欲求の充足	食事	排せつ
A 男 2歳8か月 生年月日	○発熱などの体調の変化に気をつける。 ○コマで足などケガをしないよう気をつける。 　心配のないものを選ぶことも考えます。	○スプーンやフォークをうまく使って食べる。 ○なるべくこぼさずに食べる。 ※こぼしたらきれいにすれば、また気持ち良く食べられることがわかっていない。 こぼすことにあまりこだわらず、ゆったりと食べることを大切にしては？	○立ってオシッコする。 ○トイレに行って、出たら知らせる。
B 女 2歳6か月 生年月日	○発熱などの体調の変化に気をつける。 ○コマで足などケガをしないよう気をつける。 ○生活に必要な簡単な言葉を聞き分け、さまざまな出来事に関心を持ち、言葉で伝える。	○よくかんで食べる。 ○最後までひとりで食べる。 食べようという気持ちを持たせる。 このような文にも立案を工夫したいものです。	○失敗したときは知らせる。
C 男 1歳9か月 生年月日	○発熱などの体調の変化に気をつける。 ○コマで足などケガをしないよう気をつける。 ○ビンや空き箱の中に小さな物を入れたり、出したり、自分で操作する遊びを楽しむ。 ○仲間と物のやりとりをしたり、まねて同じことをしたり、いっしょの遊びを好んでする。	○食前・食後のあいさつをする。 ○よくかんで食べる。	○促されてオマルでする。 ○失敗したときは知らせようとする。

※クラス編成…1歳3か月〜2歳未満＝男子4名・女子1名、2歳＝男子4名・女子4名

※朱書きは、解説についてはゴシック系、不足していると思われることなどについては明朝系と、書体を分けて入れています

指 導 計 画 表

家庭連絡	○尿・ぎょう虫検査の結果を知らせ、治療が必要な場合は対処してもらう。 ○家庭で室温を上げすぎ、外気との差を大きくしないよう気をつけてもらう。	行事	○カルタ取り誕生会 ○身体測定 ○避難訓練 ○尿・ぎょう虫検査 ○とんど焼き ○たこ揚げ大会

環境構成・配慮事項	○暖房器具を使う機会が増えるので、安全面に留意するとともに定期的に換気をする。 ○ティッシュペーパーは子どもが取り出しやすいように置いておく。 ○ハナをかんだら「気持ち良くなったね。きれいになったよ」など語りかけ、気持ち良くなることを感じ取らせていくようにする。 ○たこを持って走ったりするときは、ぶつかったり、物に当たったりしないよう見守るとともに、体を動かして楽しく遊べるよう工夫する。 ※「たこ揚げ」に関して工夫するだけでなく、ほかのお正月の遊びも(伝統的なものを大切にするだけでなく)1、2歳が楽しめるように作ってください。 ○正月遊び(コマ回し・たこ揚げ)を保育者が楽しそうにしてみせる。 ○繰り返しのある簡単なストーリーの絵本を選び、絵本に出てくるものになりきって保育者が遊びのきっかけを作ってみたりする。 ※人的に大切な立案です。

保 育 の 内 容

睡 眠	保健衛生	遊 び	配慮事項	評価・反省
○一定時間、十分眠る。 ○暖かくして眠る。	○食後は湯でしぼったタオルで口元のみでなく、顔も拭いてもらい、サッパリとする。 ※同じなら↑↓印を使用したりして工夫したいものです。しかし個人差は配慮します。	○保育者の回すコマを喜んで見たり、自分でもやろうとする。 ○たこ揚げをする。	○手回しゴマではあるが、乱暴に扱ったり、踏んだりしないよう気をつける。	○コマを手回しするのはまだ難しいが、たこ揚げは喜んだので良かった。 ※保育者の働きかけを具体的にどのようにしたかを記録します。
○一定時間、十分眠る。 ○暖かくして眠る。	○食後は湯でしぼったタオルで口元のみでなく、顔も拭いてもらい、サッパリとする。	○たこ揚げをする。 ○絵カルタ取りをする。 (大型) ※「〜する」といった文章から「〜を楽しむ」に立案することによって保育が変わります。工夫したいものです。	○カルタは子どもたちの好きな動物などの絵を描いた大きな物を作り、遊べるようにする。	○歌ったりしながらのカルタ取りは楽しんでいた。手作りのものをもっと増やしていきたい。
○一定時間、十分眠る。 ○暖かくして眠る。	○食後は湯でしぼったタオルで口元のみでなく、顔も拭いてもらい、サッパリとする。	○たこ揚げをする。 ○興味のある絵本を見る。 ○絵本の絵を名指したり、言葉を使うことを楽しむ。	○たくさん来て外に出たときは転びやすいので気をつける。 ※わかりやすく記入しましょう。環境構成に気をつけるのか、援助方法に気をつけるのかを具体的に記録します。	○しっかり歩けるようにはなっているが、寒いと動きも悪くなり、転んだりしていた。ケガはなかったけれど気をつけたい。

※前月と全く同じでなく、月によって個人差も配慮したいものです。

2月 月の

ねらい	○暖房器具を使うので安全面に留意し、快適に過ごせるようにする。 ○個々の欲求や甘えを十分に受け止め、安心して遊べるようにする。 ○ごっこ遊び等を通して簡単な言葉のやりとりを楽しむ。
内容	○室内の温度・湿度に気をつけ、換気を良くする。 ○朝夕の気温差や個々の体調に応じて衣服の調節をする。 ○ハナ水や手洗いの後はきれいに拭くようにする。 ○暖かい日は、戸外に出て外気にふれ、遊ぶ。 ○ハナ水が出たら、不快感を持ち、保育者に知らせたり、友達のを見ても知らせようとする。 ○保育者や友達と簡単なごっこ遊びをする。 ○手先を使った遊びをする。 ○保育者の配慮を受けながら、基本的生活習慣がだいたい身につくようにする。

※朱書きは、解説についてはゴシック系、不足していると思われることなどについては明朝系と、書体を分けて入れています

前月とすべて同じではなく子どもの発達の姿が変化していたり、1月と2月では季節の変化もあるはずです。工夫したいものです。

トルツメ

名前 月齢／月	保育の内容		
	健康、安全、欲求の充足	食事	排せつ
A 男 2歳9か月 生年月日	○発熱後の体調の変化に気をつける。 ○叱られて登園してきたときはしっかり抱き取ってから保護者に「行ってらっしゃい」をする。 健康観察のときに理由がわかって機嫌が悪いときの対処はこれでいいと思われますが、毎朝、子どもの受け入れの際に、外に現れない問題を把握してやらなければなりません。	○スプーンやフォークをうまく使って食べる。 ○なるべくこぼさずに食べる。	○尿意を感じたら自分でトイレに行く。 ○立ってオシッコする。
B 女 2歳7か月 生年月日	○休んだ後の健康管理に留意する。 ○絵本や玩具を特定の子と取り合いをするので、数をそろえたり、保育者が仲立ちとなり、気持ちを落ち着かせる。 ○言葉をつかう必要を経験させ、"かして""ありがとう"などが言える。 ○"ダメ"と言われて待つとか、ほかのことを考えて対処する機会とする。	○途中で遊び食べをせず、最後まで食べる。 ○よくかんで食べる。	○乳児用のトイレです る。 ○本人の意思を聞き「ない」と言ったら無理に行かせない。
C 男 1歳10か月 生年月日	○休んだ後の健康管理に留意する。 ○登園時間が遅くなってボーッとしているので朝の受け入れをスムーズに遊びへ移行できるようにする。	○よくかんでから飲み込むようにする。 ○食前・食後のあいさつをする。	○保育者に促されてオマルする。 ○失敗したときは保育者に知らせようとする。

※クラス編成…1歳3か月～2歳末満＝男子1名、2歳＝男子7名・女子5名

指導計画表

家庭連絡	○風邪や他の流行病での欠席があることを知らせ、子どものようす、体調に気をつけてもらい、流行性の病気にかかったときは園に知らせてもらうようにする。 ○子どもたちが楽しく遊んできた玩具などをコーナー展示にし、(遊んでいるようすは写真展示)保護者に見てもらう。	行事	○節分誕生会 ○身体測定 ○避難訓練 ○作品展

環境構成・配慮事項	○暖房器具を使用したときは安全に注意するとともに、換気を適度に行なう。　　　「ねらい」のために大切な記入です。 ○オマルやパンツの着脱に、オムツ交換用マットは常に清潔にしておく。 ○ティッシュペーパーは子どもが取り出しやすいように置いておく。 ○暖かい日にはジャンパーなどを着て、庭に出ての遊びに誘ってみる。(追いかけっこなど) ○ひも通しや牛乳キャップ落とし、オニの的当てなど、子どもひとりひとりがゆっくりと十分に遊べるよう、数を用意しておく。　　　「ねらい」「内容」にふさわしい立案と言えます。 ○子どもたちが興味を持ちそうな繰り返しのある簡単なストーリーの絵本を読み聞かせる。

ここに記入する文です。

保育の内容

何故増えたかを記録し、次の保育に役立てます。

睡眠	保健衛生	遊び	配慮事項	評価・反省
○一定時間、十分眠る。 ○暖かくして眠る。	○ハナが出たら保育者に知らせる。 ○手をタオルでしっかり拭く。 ○タオルの清潔に留意する。	○ブロックや汽車を使って遊ぶ。 ○マジックテープ・ボタン・スナップのついた玩具ではめたり、はずしたりする。	○ブロックや汽車をひとり占めしないよう、また、トラブルになったときは仲立ちをしていく。	○兄のクラスへ行くことが多くなったが、本児が納得してから部屋へ戻るようにした。(兄のクラス担任と連携する)
○一定時間、十分眠る。 ○暖かくして眠る。 この中に「落ち着いた雰囲気の中で」という文を入れると保育が変わります。	○ハナが出たら保育者に知らせる。 ○手をタオルでしっかり拭く。	○おわんや皿などを使ってままごとをする。 ○マジックテープ・ボタン・スナップのついた玩具ではめたり、はずしたりする。	○絵本の中の繰り返しの言葉やままごと遊びの中で言葉を使う機会を増やす。 保育者として具体的に環境構成として何を準備するかなどを記入します。	○ごっこ遊びをしているときは表情がとても明るい。だんだんこの遊びを広げていきたい。
○一定時間、十分眠る。 ○暖かくして眠る。	○保育者とともに手をきれいに洗い、タオルでしっかり拭く。	○ブロックや汽車で遊ぶ。 ○キャップ落としボールで的当てなどする。	○友達との遊びに興味が持てるように本児の好きな遊びを誘ったりしながら、かかわりが持てるようにしていく。	○ごっこ遊びは理解できていないが、雰囲気は楽しんでいた。 保育者の誘い方はどうだったかを記入します。

この文章を「…楽しむ」といった言葉に変えるとひとりひとりの発達を押さえた保育ができると思います。

41

3月 月 の

※朱書きは、解説についてはゴシック系、不足していると思われることなどについては明朝系と、書体を分けて入れています

ねらい	○個々の心身の状態を観察し、健康に快適に過ごせるようにする。 ○保育者や友達との遊びを楽しむ。 教育の面で他の面も立案できるようにしたいものです。春の季節として工夫することやほかの年齢の子どもたちとの交流もそろそろ出てくる場合もあります。
内容	○暖房器具を使うときは安全に留意し、換気をする。 ○朝夕の気温差や個々の体調に応じて衣服の調節をする。 ○個々の欲求や甘えを受け止め、安定して生活できるようにする。 ○暖かい日は、戸外に出て遊ぶ。 ○保育者や友達と簡単なごっこ遊びをする。 ○動物が出てきたり、繰り返しのある絵本を興味を持って見る。 ○歌や曲に合わせて体を動かして遊ぶ。

名前 月齢／月	保育の内容		
	健康、安全、欲求の充足	食事	排せつ
A 男 2歳10か月 生年月日	○行事が多いけれど無理をすることのないよう、健康管理に気をつける。 ○保育者とともにかたづけしたときはほめて認める。 大人や友達のあいだで自分の欲求が妨げられることを経験して、時にはかんしゃくを起こしたり、反抗したり自己主張をする。	○スプーンやフォークを使い、ひとりで最後まで食べる。 ○こぼさずに食べる。 食べようとする気持ちを持つようにする。このように意欲を大切にした保育を心がけたいものです。	○尿意を感じたら自分でトイレに行く。 ○オシッコは立ってする。
B 女 2歳8か月 生年月日	○行事が多いけれど無理をすることのないよう、健康管理に気をつける。 ○保育者とともに待ったり、貸してもらったり、貸してあげたりを経験する。 子どもは周りの人の行動に興味を示し、さかんに模倣する中で、物事のあいだの共通事項を見出したり、概念化することもできるようになる。	○スプーンやフォークを使って食べる。 ○なるべくこぼさずに食べる。	○本人の意思を聞いてトイレに行かせる。 ○トイレで出た後は保育者に知らせる。
男 1歳11か月 生年月日	○行事が多いけれど無理をすることのないよう、健康管理に気をつける。 ○保育者や友達と手をつないで歩く。 探索欲求は高められてきたが、まだ大人の世話が必要で、基地となる保育者との信頼関係がより確かなものとなるよう援助が必要です。	○正しいスプーンの持ち方をする。 ○苦手なものも食べてみる。	○保育者に促されてオマルでする。 ○失敗したときは保育者に知らせようとする。

この時期に見られるであろう子どもの姿です。養護と教育の面で「内容」を押さえるため子どもの発達のようすにも気を配りましょう。
※クラス編成…1歳3か月～2歳未満=男子1名、2歳=男子7名・女子5名

指導計画表

家庭連絡	○懇談会のお知らせをし、なるべくたくさん参加してもらうようお願いする。 *1年間のご家庭の協力に感謝を表しましょう。* *子どもの成長を喜び、祝いましょう。*	行事	○ひな祭り誕生会 ○お別れ会(はだしっ子パーティー) ○懇談会 ○避難訓練 ○身体測定 ○終わりの会

環境構成・配慮事項	○暖房器具を使用したときは安全に注意するとともに、換気を定期的に行なう。 ○肌寒い日もあるので戸外に出るときは、ベストや上着を着るなど調節する。 ○暖かい日には砂場でごっこ遊びをしたり、庭で電車ごっこをしたり、幼児のお店屋さんごっこで遊んだものをまねてやろうとするのを見守ったり、援助したりする。 ○大きなかぶの中の「うんとこしょ・どっこいしょ」の部分や"オオカミと7匹の子ヤギ"の「トントン入れておくれ」「手を見せてごらん」など簡単なお話を保育者とやりとりしながら楽しむようにする。 *保育指針1歳3か月から2歳末満児、2歳児それぞれの「発達の過程」を参考に1歳児の保育の評価・反省をし、2歳児の保育の計画作成の資料としましょう。* *0歳から2歳までの成長の過程で、家庭や保育所で大人がどのようにかかわってきたかによって歌うことやリズム感に未発達な部分を残すと言われていることについても考え直す必要があるのではないでしょうか。*

保育の内容

結びつきを工夫すること！

睡眠	保健衛生	遊び	配慮事項	評価・反省
○一定時間、十分眠る。 ○保育者がそばにずっといなくても"おやすみなさい"といって就寝する。	○遊びの後は手や足をきれいに洗う。	○簡単な言葉のやりとりを保育者や友達と楽しんでする。 ○自分のしてほしいこと、したいことを自分の言葉で言い表すことができる。	○戸外で遊んだ後のかたづけを保育者とともに楽しんでするようにしていく。	○かたづけも遊びのようにすることでうまくいった。
○一定時間、十分眠る。 ○環境に慣れ落ち着いてお昼寝をする。	○ハナが出たら保育者に知らせたり、自分でふこうとする。	○簡単な言葉のやりとりを保育者や友達と楽しんでする。 ○語いが増え、発音もより明瞭になる。 *個々を大切にする大切な記入と言えます。*	○排せつの失敗はほとんどなくなったが「出ない」と言っても失敗することがあるので、本人の気持ちを大事にしながら援助する。	○気にいった遊びをしているときは生き生き明るい表情になってきている。楽しい遊びを工夫していきたい。*具体的に、この子のために何かを記入します。*
○一定時間、十分眠る。 ○落ち着いた雰囲気の中で、お昼寝の習慣が自立する。	○ハナが出たら嫌がらずに拭いてもらう。 *内容の言葉として見直したいものです。* *「……自分でする」*	○逃げるところなど参加できる部分を保育者や友達と楽しくする。 *わかりやすく記入しましょう。*	○手をつないで歩くのを嫌がるが、楽しく歩けるように工夫する。 ○保育者自身が仕事に喜びを感じ、子どもたちをかわいいと感じているかで子どものようすは違ってしまいます。	○歩くことは好きなので危険のないところを選んで散歩に行くようにしていく。 ○園庭での楽しい遊びの中で身のこなしやスピード感が味わえて楽しむ。

模倣活動の芽生えに対してまねされるに値する保育者でありたいものです。生き生きとした明るい表情や態度、美しい話し言葉。自然な発声による表情豊かな話し方・うたい方・踊り方や楽器の演奏力など。

途中入園児への配慮をした計画例　1歳児クラス(5月)

月の

ねらい	○健康状態を観察し、快適に生活できるようにする。 ○個々の子どもの欲求を受容し、情緒の安定を図る。 ○新しい環境（保育者・友達・場所）に慣れ親しむ。
内容	○個々の子どもの健康・発育の状態を的確に把握し、異常のある場合は適切に対応する。 ○体・衣服・身の回りにあるものを常に清潔な状態にしておく。 ○個々の子どもの気持ちを受容し、子どもとの信頼関係を深める。　　つくる ○室内外の温度・湿度に留意し、子どもの状態に合わせて衣服の調節をする。 ○保育者に見守られながら玩具や身の回りのもので遊ぶ。 ○保育者に見守られながら園庭での遊びを楽しむ。 ○草花や飼育動物を見たり、触れてみて楽しむ。 ○保育者の歌や手遊びを見たり、聞いたりする。 ○保育者と共に興味のある絵本を見る。

名前 年齢／月	保育の内容		
	健康、安全、欲求の充足	食事	排せつ
D 女 1歳11か月	○新しい環境になじみ、保育者とともに安心して過ごす。 ○ゆったりとした雰囲気の中で好きな遊びを楽しむ。 家庭での生活リズムを取り入れ、家庭のような雰囲気の中で生活しながら、集団生活の中での生活リズムになじんでいくようにするという考えで記入したいものです。	○楽しい雰囲気の中でスプーンを使ってひとりで食べる。 ○4月入所児や保育者をまねて食前・食後のあいさつをする。	○保育者に促されてオマルでする。 ○排せつ後の手洗いを保育者とともにする。
E 男 1歳6か月	○新しい環境（生活の場）に慣れ、保育者とともに安心して過ごす。 ○保育者とともに生活や遊びを経験する中で、さまざまな物事に興味をもつ。	○食前・食後のあいさつをする。 ○楽しい雰囲気の中でスプーンを使ってひとりで食べる。	○オムツがぬれていないときは、無理のない程度に座ってみる。 ○タイミングよく出たときはほめる。
F 女 1歳3か月	○新しい環境（特に保育者や場所）に慣れ、安心して過ごす。 ○保育者とともに探索活動を楽しむ。	○食前・食後のあいさつを保育者を真似てする。 ○楽しい雰囲気の中でさまざまな食品に慣れるよう援助する。 ○自分で食べようとする気持ちを育てる。	○オムツを交換は、やさしく話しかけながら手早くする。 ○昼寝起き、無理のない程度にオマルに座ってみる。

指導計画表

家庭連絡	○園での子どものようすをていねいに伝えるなどを心がけて、安心して登園してもらえるようにする。 ○ならし保育中は子どもの状態を見ながら保育時間を長くしていくよう保護者と話し合う。 ○ならし保育の期間は個人個人で違うことを理解してもらう。 ○途中入所児が5月の1か月で6月に足なみがそろうとは考えられず、D子は2歳になるが他の2名とともに個人別指導計画が引き続き必要だと考えておく。	行事	○誕生会 ○こどもの日の集い　　○チャリティバザー ○健康診断　　　　　　○母の日 ○身体測定　　　　　　（プレゼント渡し） ○クラス懇談会 ○遠足 ○避難訓練

※途中入所児については面接や提出された実態調査票などを参考にすることで実際が把握され、計画の手直しが必要となるでしょう。1歳児のクラスは育児の説明明けの子どもが入所することもあり、養護のきめ細かい配慮が大切です。何月に入所してきても入所時のきめ細かい養護が大切です。

環境構成・配慮事項	○個々に合わせてゆっくりと落ち着いて食べられるよう配慮する。 ○食べたいという気持ちを大切にし、スプーンの使用を無理強いしない。 ○嫌いなものを食べようとしない子には、好きなものから誘ってみたり、保育者やほかの子がおいしそうに食べているのを見せて、食べたいという気持ちがもてるよう工夫する。　　優しく、温かい ○オムツ交換は、保育者の表情や話し方で心地良さを感じられるようにする。 ○無理しないようにオマルで排せつを促し、出たときは「シー出たね」などと認め、オマルでの排せつの心地良さを知らせる。 ○眠れない子にはそばについて優しくトントンしたり、体に触れたりして、安心して眠れるようにする。 ○外遊びが増えるので危険のないよう注意し、十分遊べるようにする（遊具の点検・散歩道の確認など）。 ○4月入所のB児、C児の生活を参考に途中入所児のための環境づくりをする。

保育の内容

睡眠	保健衛生	遊び	配慮事項	評価・反省
○歌をうたったり、優しくトントンしたりして安心して眠れるようにする。 ○眠っている間も体の異常がないか、子どもたちのようすを見守る。 ○眠るときのクセを把握し、安心して眠れるよう対応する。 ○目が覚めたとき、常に保育者がいることを気づかせ安心させる。 ○昼寝は午後1回になるが入所当初は疲れるので休息をさせる。	○気温や個々の体調に応じて衣服の調節をする。 ○外遊びの後は手や足をきれいに洗ってふく。 ○食事やおやつの後はぬれタオルで口元をぬぐう。 ○ハナをふいたりオムツ交換をした後は保育者の手を清潔にする。 ○ぬれたり汚れた衣服は取り替える。 ○手ふきタオルはこまめに取り替える。 ○顔や手のきたない、きれいがわかるころなので、自分でそれに気づけるように「汚れたね、きれいにしようね」とかかわるようにする。	○保育者とともに草花や小動物にふれ、砂遊びなどを楽しみ、友達にも関心を示す。 ○絵本に興味をもち、広げて見る。 ○手、指の働きがじょうずになり、クレヨンでぬりたりして楽しむ。 ○保育者と遊びながら友達の遊んでいるようすを見る。 ○乗り物（汽車・車）の玩具に興味をもって遊ぶ。 ○少し高いところに登ったり、飛んだりして楽しむ。 ○優しい声や豊かな表情で保育者は相手になる。 ○保育者と遊びながら友達に関心を示す。 ○まねる遊びを楽しむ。 ○歩きが確かになるまで押したり、ひっぱったりしてしっかり歩くことを楽しむ。	○不安そうなときは、特にスキンシップをしっかりする。 ○玩具は水洗いや日光消毒で清潔にしておく。 ○家庭にもあるような親しみのある玩具を用意しておく。 ○友達とのかかわりを見ながら仲立ちをする。 ○安全面に気をつけながら子どもの遊びを見守ったり援助したりする。 ○保護者、子どもとの信頼関係を大切にし安心感をもってもらえるようにする。 友達と遊べることを急がないでひとり遊びに熱中できる場と時とおもちゃを用意してやることも大切です。	○保育者を仲立ちとして友達の側で遊べるようになってきている。少しずつ遊べるよう見守るようにしていきたい。 ○人見知りをしたのでひとりの保育者を核にした。この保育者から他の保育者へもゆっくりと人間関係を広げていきたい。 ○歩行がまだ不安定なので危険のないように見守るようにした。友達の動きをよく見ているので遊びが広がっていくように思う。 ひとり遊びを十分楽しめるようにしましょう。

45

参考 別様式例

ねらい
子どもが生き生きした生活を送るために保育者が行なわなければならない事項やその月の成長を、一般的な子どもの姿を予想し、養護と教育を一体化して書きます。

行事
その月の保育に取り入れたい行事です。

内容
ねらいを達成するための保育者の子どもへのかかわりを書きます。

援助・配慮
「ねらい」を達成するために保育者が子どもに行なう具体的なかかわり（援助と配慮）です。身につけたい生活習慣をはじめ、遊び・食育・排せつ・睡眠・健康・着脱・清潔に関する事柄を書きます。

環境と安全
乳児は生活能力が低いので100％保護されなければなりません。保育者は子どもを危険から守り、安全管理を徹底しなければなりません。日々のようすをチェックし、書き留めましょう。

家庭との連携
指針に必要な事項として取り上げられている「家庭支援」の項目です。
園は家庭環境の理解に努め、家庭には園の子どものようすを伝えます。子育てをサポートするための重要な意味を持つ「ねらい」です。

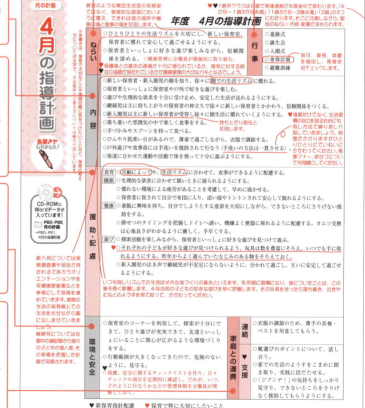

月の計画

各園でさまざまな指導計画の様式があると思います。
まったく別の様式として、参考例をあげておきます。

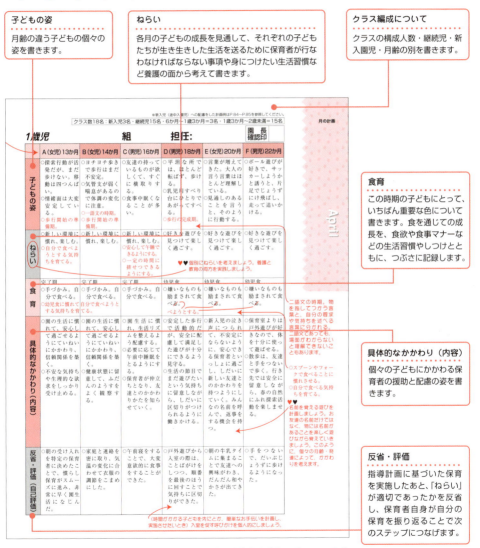

一日の保育の流れ（デイリープログラム）の考え方

●保育者の養護活動を細かく記す

一日の保育の流れは保育所で過ごす一日を時間を追って作られています。子どもの年齢や季節を考え、登所から始まり、遊びや生活習慣にかかわることなど生活の流れを軸に作成されます。日案とは別のものです。

乳児の場合、生理的欲求を充足することで健康を保ち、情緒を安定させることが最優先されなければなりません。毎日繰り返される子どもの生活に対しての保育者の養護活動を細かく示したもので、乳児の睡眠のリズムやその時間の配分、授乳や離乳食の回数、オムツ交換、入浴、散歩など、個人個人の月齢に合った生活の流れを用意しなければなりません。

●個人差を配慮したプログラムに

ひとりひとりの発達の状態や個人差を考え、その生活リズムに応じて作られた流れが保育の柱といっていいほど重要です。忙しいから計画が立てられないというのではなく、きちんとした計画が作成されていれば、落ち着いて保育が進められ、保育効果が高められるものです。

毎日繰り返される子どもの生活に対して、保育者の養護活動を細かく示していますが、「保育者が子どもを管理する」ためのものであったり、「子どもにさせる時間割」にならないように留意したいものです。また保育者の活動は機械的であってはなりません。

養護にかかわる事がらは子どもと保育者がうまくかみ合わないと仕事がはかどらず、忙しい思いだけで仕事がから回りの状態になったり、急に手持ち無沙汰になったりします。それは子どもを落ち着かなくさせ、生活の流れを悪くします。月齢ごとに保育の流れを必要とし、2本立て、3本立てで保育を進めなければなりません。

●保育者の業務分担を明確に

保育の流れに沿って必要な業務を手落ちなく進めていくために、複数の保育者のそれぞれの業務分担を明確にし、チームワークを密にする必要があります。子どもの活動、生活に対する配慮も含めて保育者のするべきことを明確にする必要があるのです。しかもそのことについて全員が共通の理解をしなければ、保育の一貫性は望めないこととなります。

月齢別の流れを進めていくとき、養護にかかわる内容を一斉に取り組ませるのではなく、順次事を運び、子どもが待たされることがないように、遊びの時間をつくる工夫をしましょう。目覚めていれば玩具であやしたり、歌をうたってもらったり、抱かれて散歩を楽しんだりなどの、月齢に合ったさまざまな働きかけは毎日、繰り返し行なわれているもので、保育者との人間関係を楽しみ、満足したり、探索意欲を刺激

一日の保育の流れ

され、物の認知や言葉の獲得が進みます。

●生活の流れに沿って日々反復を

　子どもの発達の特徴やひとりひとりの発達の課題を知り、その子の個性や傾向を把握して日課の調整をしなければなりません。低年齢であるほど、その発達の状態に個人差があります。このことに配慮して食事時間を中心に、遊びや睡眠の時間が組まれ、その間に排せつ、沐浴、日光浴、散歩など大事な行為がリズミカルに交錯するような流れが必要とされます。

　年齢が低いほど保護の中の生活であって、大人の養護による繰り返しの中での生活で、そのような流れから遊びの時間が増えて、子どもの生活が前面に出てくる1歳児、2歳児の保育はそれぞれに1本立てですむようになります。子どもに愛情を持ってかかわりながら、子どもの欲求や表現を受け止めてやります。

　生活の流れに沿って日々反復することで、身についていく生活習慣を明らかにし、散歩、日光浴、外気浴なども取り入れていくことが必要です。

　保育は子どもを取り巻く多くの職員によって行なわれます。担任が直接子どもにかかわるとしても、そのほかの職員にも理解され、努力のしやすい保育であることが望まれます。

　特に健康面の管理に関係する保健師、看護師、食事に関しては栄養士・調理職員などに十分に

理解されなくては、子どもの望ましい発達は考えられません。

　保護者の理解と協力を得て、無理のない生活リズムを整えていきたいものです。規則正しい繰り返しが心の安定を生み、活動の充足、情緒の安定となり、安全な生活につながります。

　保育に弾力性、柔軟性を持ちながら、しかし動かしてはならないことは守って生活していきたいと思います。

　また、備考欄を利用して保育者が共通理解し、心得ておかねばならないことを記せば、不安なく、自信を持って保育ができるのではないでしょうか。

一日の保育の流れ

1歳 / **春**

生命を守り、病気にさせないための養護活動としてもっとも大切なことで登園のとき大切にしたい立案のひとつです。

入所の最初の雰囲気として、必ず立案したいものです。

※朱書きは、解説についてはゴシック系、不足していると思われることなどについては明朝系と、書体を分けて入れています

時間	子どもの生活	保育者の養護・援助活動	備考
7：20	登園	○保育室の備品、遊具(玩具)の確認、ゴミ・汚れなどの点検をし、安全で清潔な環境で迎える準備をしておく。	保育室　家庭に近い雰囲気づくりをする。
		○朝の受け入れは、愛情をこめて優しく抱いたり、話しかけたりしながら健康観察(機嫌・体温・顔色など)をし、体調・食事状況など、必要事項を聞き、異常のある場合は、即、対処する。	
	排せつ	○所持品(ノート・衣類・カバンなど)を保育者といっしょに始末する。	服装　清潔で活動しやすく、明るい色調のものを身につける。
		○話しかけをしながらオムツ点検をし、必要に応じて衣服の調節をする。	
		持ち物を決められたところへかたづけやすいように、わかりやすく用意する。	
	遊び	○ひとりひとりが、ふれあえる距離(場)で接する。　意味不明瞭	オムツ交換　ひとりひとり、そのつど手洗い・消毒を徹底する。
		○ひとりひとりの行動範囲を把握し、危険のないように注意する。	
	ひとりひとりを愛する保育をする基本で、大切にし、実践したいものです。	○子どもの興味や欲求に応じられるように、玩具の配置や数を十分用意する。	
		○個々に応じてスキンシップをしたり、いっしょに遊んだりし、信頼関係をつくっていく。	○一斉保育の形態にならないように配慮しながら、遊びに飽きた子どもに呼びかけながら遊びのうちにいろいろな物が決められた場所に収まるように、楽しみながらかたづける。
9：30	かたづけ	○「おかたづけー」など歌いながら、いっしょに運んだりしながらかたづけをする。	
	手洗い・消毒	○ひとりずつ手を添えて洗い、拭きながら「きれいになったネ」と気持ち良くなったことを言葉で言いながら、体感させていく。	
9：40	おやつ	○ひとりひとりに呼びかけ、保育者とやり取りをしながら、歌や指遊びをし、楽しい雰囲気の中で食べられるようにする。	
	消毒に関する知識も整理しておきましょう。保健的衛生に関する事故にも注意します。	○子どもといっしょに「いただきます」「ごちそうさま」のあいさつをする。	ティッシュペーパー ○タオル(清潔に注意)
10：00	遊び(散歩)	常時、中身の点検をする。○乳母車・誘導ロープ・携帯救急用具・帽子・靴などを整えておく。使用上の留意点を徹底しておく。　靴については保護者に注意してもらう。用意されたもの。	雑巾(台フキン) 記録メモ　など使用しやすい位置に置く。
	「養護」と「教育」を大切にした立案と言えます。楽しく食べられるようにするだけでなく、食べるときのルールや言葉を気づかせる時期として発達の視点からとらえ、押さえておきたい記入例です。	○子どもが興味を持ち、気持ちがなごむような動物(イヌ・ネコ・ニワトリ・ウシ)や植物(タンポポなどの草花)に出会える散歩コースを選ぶ。	○動物を怖がる子どもに対する留意をする。
		○急に飛び出したり、触れたり、放り投げたり、転んだり、跳んだりするのでけがなどしないよう安全に気を配る。	
		○新入園児が多い年は無理に揃って散歩に出かけないで園庭でゆったり遊ばせる。	
		散歩の経験のある継続児だけで散歩に行くとか、できるだけ少人数で行き、保育者との関係を深める機会としてはどうでしょうか？	

50

時間	子どもの生活	保育者の養護・援助活動	備考
10：50	排せつ 手洗い ・消毒	○ひとりひとり順番に肌に触れながらオムツを替え、出ていないときは、オマルに行き、排尿のタイミングをいっしょに待つ。	○汚れ物を入れる容器を置く場所の清潔に配慮する。
11：00	食　事	○食事の配膳を待ちながら指遊びやお話(紙芝居)をする。 ○おやつと同じ。 ○こぼしても自分で食べようとしている気持ちを認め、励ます。 ○嫌いな物もひと口ずつなじませ、食べられたときは十分ほめ、自信につなげる。保育者がおいしそうに食べるようすを見せることも必要では？ ○食後、手や口の周りを拭き、その後お茶を飲ませて口の中の汚れも除くようにする。	○オマルを決めた場所で使用し、保育室に持ち込まない。 ○食事の好き嫌いが現れてくるころであることに留意し、調理担当者と相談する。
12：30	排せつ 昼寝準備	○布団を敷き、カーテンを引き、光や音を和らげて安眠できる環境を整える。	○6か月歯科検診後ハブラシを用意させ、仕上げは保育者が行なう。
12：40	昼　寝	○安心して眠れるように、横で子守歌を歌ったり、体をトントンと軽くたたいたり、頭を撫でたりする。 ○眠りの浅い子へは、そばに付く(添い寝)などし、不安のないようにする。	○昼寝用ふとんは清潔にし、時々日光に当てる。
14：30	目覚め	○明るくひとりひとりにことばがけ(おはよう・よく寝たねえ・かしこかった・気持ち良かったネ)をし、気持ち良く目覚められる雰囲気をつくる。	○パジャマに着替えるとき乾布マッサージ、摩擦をし、皮膚の異常の有無を見る。
	排せつ 手洗い・消毒	○寝起きは動作が緩慢なため、ゆっくりとしたテンポで着脱・排せつ・おやつの用意をする。	
15：00	おやつ 降園準備	○午前と同じ。 ○個々の健康観察や表情などを確認し、出席帳(連絡帳)・着替えた衣類など、忘れ物がないよう点検し、降園の服装を整える。 ○お迎えの人を確認し、連絡事項を伝えたり、依頼事項を受ける。	
16：00	降　園	○お迎えの順にオムツ交換やオマルでの排せつの介助をする。 ○お迎えの保護者などの対応で目が行き届かないことのないよう、個々の子どもの行動を把握する。 <u>○お迎えの遅い子</u>が不安にならないように、<u>話しかけやスキンシップに心がける。</u>	降園の支度をきちんとし、母子ともに落ち着いて機嫌良く、サヨナラができるのはよいことです。 保育者の交代があることのときから19：00までの遊び(生活)のプログラムを考えておきたいものです。
	(延長保育)	○<u>「さよなら」のあいさつをし、明日も元気に登園するように笑顔で呼びかけをする。</u>	
19：00			

自分は愛されていると感じ、明日も行きたいといった雰囲気のためにも立案したい記入です。

一日の保育の流れ

1歳 — **夏**

※朱書きは、解説については ゴシック系、不足していると思われることなどについては明朝系と、書体を分けて入れています

時間	子どもの生活	保育者の養護・援助活動	備考
7：20	登園	○保育室の備品、遊具(玩具)の確認、ゴミ・汚れなどの点検をし、安全で清潔な環境で迎える準備をしておく。 ○朝の受け入れは、愛情をこめて優しく抱いたり、話しかけたりしながら健康観察(体温・顔色・機嫌 など)をし、食事・体調・睡眠状況などを保護者から聞き、異常のある場合は、即、対処する。 ○水痘・とびひ・麻疹・風疹などの流行期でもあり、体に異常のある場合(発熱・発疹・下痢など)、子どもに不安を与えないようにそばにつき、専門医に診てもらうよう、保護者に連絡し、個別に対処する。	○朝のあいさつをする。 ○流行の情報を聞いたら、ただちに対策について話し合う。 ○感染症の発生に関し地域の保護者との連携を密にする。 ○当該伝染病の罹患歴、予防接種歴を調べ注意を促す。 ○登園禁止の期間を守ってもらい、完治証明を持参の上、回復後の登園をする。 ○朝の健康観察をしっかり行ない早期発見に努める。 ○うがいは初めからじょうずにできないがこの暑い時期、少々ぬれても困らないだろうから…。ただ、あごの下はよく拭いてあげる。 ○砂場の点検は朝いちばんに行ない、清潔を保たせる。汚物の除去、消毒の方法について申し合わせが必要。 "昼寝"の時間などに十分掘り返して日光に当てるとよい。
		このような時期、季節を考慮することを忘れないためにも立案したいものです。	
	排せつ	○あせも・オムツかぶれになりやすいため、こまめにオムツを替えたり、濡れタオルで汗を拭いたり、また、オマルでの排せつを介助する。 夏の時期にオムツをはずし、身軽に活動できるようにする。 ○必要に応じて、衣服の調節や着替えをする。	
	遊び	○子どもの興味や欲求に応じられるように、玩具の配置や数を十分用意する。 ○個々に応じてスキンシップをしたり、いっしょに遊んだりし、信頼関係をつくっていく。 ○ひとりひとりの行動範囲を把握し、危険のないように注意する。	
9：30	かたづけ	○「おかたづけー」など歌いながら、いっしょに運んだりしながらかたづけをする。	
	手洗い・消毒	○ひとりずつ手を添えて洗い、拭きながら「きれいになったネ」と気持ち良くなったことを体感させていく。	
9：40	おやつ	○ひとりひとりに呼びかけ、保育者とやり取りをしながら、歌や指遊びをし、楽しい雰囲気の中で食べられるようにする。 ○子どもといっしょに「いただきます」「ごちそうさま」のあいさつをする。○食後、口内をきれいにするためのブクブクのうがいをする。	
10：00	遊び(水遊び)	○水着に着替えさせる。○遊んだ後、使うタオル、着替えを用意しておく。 ○プール(家庭用も含め)遊びは、少量の水でも危険を伴うため、個々の行動に十分注意し、いっしょに遊ぶ。 ○子どもの興味や欲求に応じられるように、水・砂遊びに必要な用具・容器を十分用意し、個々の遊びが満たされるようにする。 ○砂・水・容器など、なめたり口に入れたりするため、ひとりひとり危険のないように安全管理をする。	
		脱いだものを目印のある、決められた所へ入れる	
		プールの遊びは必ず目を離さないで生命を守る保育をすることが立案として大切です。	

52

保健的衛生のためにも必要な立案と言えます。

時間	子どもの生活	保育者の養護・援助活動	備　考
10：50	排せつ手洗い・消毒	○遊びの後、シャワーで全身の汚れを落とし、着替えを介助する。 ○ひとりひとり順番にオムツを替え、出ていないときは、オマルに行き、排せつのタイミングをいっしょに待つ。 ○オマルで排尿できたとき、十分ほめ、いっしょに喜び、自信につなげる。	○シャワーの温度や湯の勢いに注意して行なう。
11：00	食　事 食べられた喜びを味わい、楽しい雰囲気をつくるために大切な立案です。	○食事の配膳を待ちながら指遊びやお話(紙芝居)をする。 ○おやつと同じ。 ○こぼしても自分で食べようとしている気持ちを認め、励ます。 ○嫌いなものもひと口ずつなじませ、食べられることができたときは十分ほめ、自信につなげる。 ○食後、手や口の周りを拭きながら、保育者といっしょに歯磨きをし、きれいになった・気持ち良くなったことを言葉といっしょに体感させる。	○こぼしたらすぐきれいにし、きれいになると気持ち良く食事ができることをわからせる。
12：30	排せつ昼寝準備	○布団を敷き、カーテンを引き、冷房温度に注意を払い、光や音を和らげて安眠できる環境を整える。○パジャマに着替える。自分でしようとすることを励ましてほめる。	机の上用の台フキン、机の下用(子どもが足で踏みつけないように)
12：40	昼　寝	○安心して眠れるように、横で子守歌をうたったり、体をトントンと軽くたたいたり、頭を撫でたりする。 ○眠りの浅い子へは、そばに付く(添い寝)などし、不安のないようにする。○暑くて眠れないこともあるので寝つくまで扇風機・冷房を用いる。眠ったら止め、十分汗を出させる。	雑巾バケツを用意する。
14：30	目覚め	○明るくひとりひとりに言葉かけ(おはよう・よく寝たねえ・かしこかった・気持ち良かったのネ)をし、気持ち良く目覚められる雰囲気をつくる。○着替えのとき、汗の始末のこともあるのでシャワーを使ったり、冷水摩擦をする。	○歯磨きの仕上げは保育者が援助し、歯ぐきへの刺激を感じさせる。
	排せつ手洗い・消毒	○寝起きは動作が緩慢なため、ゆっくりとしたテンポで着脱・排せつ・おやつの用意をする。	
15：00	おやつ降園準備	○午前と同じ。○水分補給を十分にする。 ○個々の健康観察や表情などを確認し、出席帳(連絡帳)・着替えた衣類など、忘れものがないよう点検し、降園の服装を整える。 ○お迎えの人を確認し、連絡事項を伝えたり、依頼事項を受ける。	春のデイリープログラムと同じように扱いましょう。延長保育時間の過ごさせ方の工夫が必要だと思われます。
16：00	降　園	○お迎えの順にオムツ交換やオマルでの排せつの介助をする。 ○お迎えの保護者などの対応で目が行き届かないことのないよう、個々の子どもの行動を把握する。 ○お迎えの遅い子が不安にならないように、話しかけやスキンシップに心がける。	○機械的な対応のみにならないように。
	(延長保育)	○「さよなら」のあいさつをし、明日も元気に登園するように笑顔で呼びかけをする。	
19：00		○長時間保育児を担当保育者に必要事項を伝えて託す。	

53

一日の保育の流れ

※朱書きは、解説についてはゴシック系、不足していると思われることなどについては明朝系と、書体を分けて入れています

時間	子どもの生活	保育者の養護・援助活動	備考
7：20	登園	○保育室の備品、遊具(玩具)の確認、ゴミ・汚れなどの点検や室温に配慮し、安全で清潔な環境で迎える準備をしておく。 ○朝の受け入れは、愛情をこめて優しく抱いたり、話しかけたりしながら健康観察(体温・顔色・機嫌 など)をし、食事・体調・睡眠状況などを保護者から聞き、異常のある場合は、即、対処する。 ○保育中、体に異常がある場合(発熱・発疹・下痢・ケガなど)は子どもに不安を与えないようにそばにつき、専門医に診てもらうよう保護者に連絡し、個別に対処(保温・冷やす・消毒・安静などの応急処置)する。	○朝のあいさつをする。 ○おもらしをしたまま遊んでいる子どもに"きれいにして、良い気持ち、良い気持ちになってこよう…"と誘い、オムツを交換する。 4月入園児でも、6か月以上保育所の生活をしてきて、安心し、安定した毎日だろうと思われます。
	秋の時期として大切な立案のひとつです。		
	排せつ	○話しかけながらオムツ交換をし、オマルでの排せつを介助する。 ○気温差が大きく風邪をひきやすい時期のため、衣服の調節や体調に気をつける。 ○このころから薄着になれるようにする。	
	遊び	○興味や欲求に応じられるように、玩具の配置や数を十分に用意する。 ○個々に応じてスキンシップをしたり、いっしょに遊んだりし、信頼関係をつくっていく。 ○ひとりひとりの行動範囲を把握し、危険のないように注意する。	○予測できない行動や衝動的な動作が多くなるので目を離さない。 ○まだ歩けない子どもの散歩は個人差を考えて無理なく楽しめる散歩のコースは選べても、具体的にはどのように行なうか話し合っておく。 ○散歩するにはふさわしい季節です。園外保育を積極的に取り入れるのはいいのですが、この辺りでそのための留意点などを書き上げて確認しておく必要があります。 ○遠出をしたり楽しんでいるからと時間を延長したりして昼食以後のプログラムが乱れることがないように行ないたいものです。
	遊びに飽きた子どもたちに言葉をかけ、使ったものを元に戻す遊びを楽しませる。		
9：30	かたづけ	○「おかたづけー」など歌いながら、いっしょに運んだりしながらかたづけをする。	
	手洗い・消毒	○ひとりずつ手を添えて洗い、拭きながら"きれいになったネ"と気持ち良くなったことを言葉で伝えながら体感させていく。	
9：40	おやつ	○ひとりひとりに呼びかけ、保育者とやり取りをしながら、歌や指遊びをし、楽しい雰囲気の中で食べられるようにする。 ○子どもといっしょに「いただきます」「ごちそうさま」のあいさつをする。 0歳児でないから、状態の想像ができませんが。	
10：00	遊び (戸外遊び) (散歩)	○歩ける子・歩けない子・よく転ぶ子など個人差を考慮し、個々が無理なく楽しめる散歩コースを選ぶ。 ○秋の自然に直接触れることのできる場所を選び、虫・木の葉・野の花・ドングリなどに触れる体験の中で、言葉を覚えたり、"きれい""こわい""かわいい"などの感情が芽生えるような体験をいっしょに味わう。 ○行動範囲が広がるため、個々の動きに十分注意をし、危険のないようにし、ケムシ・ハチ・ヘビ・毒花などに触れないように細心の注意を払う。 保育者はそれらひとつひとつについての知識を持ち、ハチなどに刺されたときの応急処置ぐらいはできるようにしておく。	

54

時間	子どもの生活	保育者の養護・援助活動	備考
10：50	排せつ 手洗い・消毒	○ひとりひとり順番に話しかけながらオムツを替え、出ていないときは、オマルに行き、排せつのタイミングをいっしょに待つ。 ○オマルで排尿できたとき、十分ほめ、いっしょに喜び、自信につなげる。　○食事前の手洗いに石けんを使う。遊ぶ子どももいるだろうが毎日、毎回同じように反復させる。	○タオルの清潔に注意。汚れていたり、湿っているのに、ぶら下がっていることのないように。
11：00	食　事 （歯磨き）	○食事の配膳を待ちながら指遊びやお話(紙芝居)をする。 ○おやつと同じ。 ○こぼしても自分で食べようとしている気持ちを認め、励ます。 ○嫌いなものも一口ずつなじませ、食べられたときは十分ほめ、自信につなげる。 ○食後、手や口の周りを拭き、保育者といっしょに歯磨きをし、きれいになった・気持ち良くなったことを言葉といっしょに体感していくようにする。	天気の良い日、園庭に机を出して食事を楽しんではいかがですか？ ○食事中に歩き回る子どもに根気よく援助し、落ち着いて食べるようにする。
12：30	排せつ 昼寝準備	○パジャマに着替える。脱いだ物を決められたところに置く。 ○布団を敷き、カーテンを引き、室内温度に注意を払い、光や音を和らげ、気温に応じて寝具の調節をし、安眠できる環境を整える。	○秋の日差しの強い日、昼寝のあいだに遊具などを日光に当てる。
12：45	昼　寝	○安心して眠れるように、横で子守歌をうたったり、体をトントンと軽くたたいたり、頭を撫でたりして睡眠の呼吸を整える。 ○眠りの浅い子へは、そばに付く(添い寝)などし、不安のないようにする。　○どうしても眠れないときは別室でしばらく絵本を見たり静かに遊ばせる。	
14：30	目覚め	○明るくひとりひとりにことばがけ(おはよう・よく寝たねえ・かしこかった・気持ち良かったネ)をし、気持ち良く目覚められる雰囲気をつくる。	
15：00	排せつ 手洗い・消毒 おやつ 降園準備	○寝起きは動作が緩慢なため、ゆっくりとしたテンポで着脱・排せつ・おやつの用意をする。 ○午前と同じ。 ○個々の健康観察や表情などを確認し、出席帳(連絡帳)・着替えた衣類など、忘れものがないよう点検し、降園の服装を整える。 ○お迎えの人を確認し、連絡事項を伝えたり、依頼事項を受ける。	忙しいときにスキがない保育をするためにも、立案したい記入例です。延長保育を受ける子どもたちがさびしい、つまらない思いをしないように遊び場を考えましょう。
16：00	降　園 （延長保育）	○お迎えの順にオムツ交換やオマルでの排せつの介助をする。 ○お迎えの保護者などの対応で目が行き届かないことのないよう、個々の子どもの行動を把握する。 ○お迎えの遅い子が不安にならないように、話しかけやスキンシップに心がける。 ○「さよなら」のあいさつをし、明日も元気に登園するように笑顔で呼びかけをする。	担任が早く引き上げるローテーションであってもほかの保育者との信頼関係ができていて落ち着いて遊べるように。
19：00		○長時間保育児を担当保育者に必要事項を伝えて託す。	

55

一日の保育の流れ

1歳 **冬**

時間	子どもの生活	保育者の養護・援助活動	備考
7:20	登園	○保育室の備品、遊具(玩具)の確認、ゴミ・汚れなどの点検をし、保育室を暖め、安全で清潔な環境で迎える準備をしておく。 ○朝の受け入れ時、インフルエンザの流行期でもあり、話しかけながら健康観察(体温・顔色・機嫌 など)をていねいにし、食事・睡眠状況などを保護者から聞き、異常のある場合は、即、対処する。 ○保育中、体に異常がある場合(発熱・発疹・下痢・ケガ など)は、子どもに不安を与えないようにそばにつき、専門医に診てもらうよう保護者に連絡し、個別に対処(保温・冷やす・消毒・安静などの応急処置)する。	○朝のあいさつをする。 医者、家庭など、それぞれとの連携を速やかにできるようにし、さらには日常の保育の中で保護者との信頼関係を確立しておくことが大切です。 「自分から○○したい」といった生き方ができるための基本となります。きれいにさせるだけでなく、このような意欲が出る保育の方法を心がけるためにも大切な立案と言えます。
	排せつ 遊び	○話しかけながらオムツ交換をし、オマルでの排せつを介助する。 ○気温差が大きく、風邪をひきやすい時期のため、衣服の調節や体調に気をつける。 ○興味や欲求に応じられるように、玩具の配置や数を十分に用意する。 ○個々に応じてスキンシップをしたり、いっしょに遊んだりし、信頼関係をつくっていく。 ○ひとりひとりの行動範囲を把握し、危険のないように注意する。	
9:30	かたづけ 手洗い・消毒	○「おかたづけー」など歌いながら、いっしょに運んだりしながらかたづけをする。 ○ひとりずつ手を添えて洗い、いっしょに拭き、「きれいになったネ」と言いながら気持ち良くなったことが体感できていくようにする。	○散歩を遊びの中で大切に扱っているのは良いことだが、ほかの遊び特にひとり遊びの姿が見られないので、そのための環境を考えてみてはどうでしょうか。
9:40	おやつ	○ひとりひとりに呼びかけ、保育者とやり取りをしながら、歌や指遊びをし、楽しい雰囲気の中で食べられるようにする。 ○子どもといっしょに「いただきます」「ごちそうさま」のあいさつをする。	
10:00	遊び (戸外遊び) (散歩)	○歩ける子・まだ歩けない子・よく転ぶ子など個人差を考慮し、個々が無理なく楽しめる散歩コースを選ぶ。 ○戸外へ出かけるとき、帽子・上着・手袋など防寒着をつけ、寒さを気にせず自然の変化(冷たい風・雪・氷)に触れられるようにする。 ○晴れた日は、できるだけ戸外へ出て、日光浴・外気浴をしながら体を十分動かして遊ぶ工夫をする。 ○ケンカで危険を感じたとき、即対処し、ケガを未然に防ぐ。 対処の仕方についてどの保育者も同じように援助、助言をするよう注意が必要。	○着ぶくれて動作が鈍くなるし、寒くて体がこわばるため、動作が鈍くなることに留意する。 ケンカというより人の持っているものが欲しくて取る、取られまいとして衝突していることが多い、突き飛ばしたり、ひっかいたり噛みついたりが起こる。

※朱書きは、解説についてはゴシック系、不足していると思われることなどについては明朝系と、書体を分けて入れています

時間	子どもの生活	保育者の養護・援助活動	備考
10:50	排せつ 手洗い ・消毒	○ひとりひとり順番に話しかけながらオムツを替え、出ていないときは、オマルに行き、排せつのタイミングをいっしょに待つ。 ○オマルで排尿できたとき、十分ほめ、いっしょに喜び、自信につなげる。	
11:00	食 事 （歯磨き）	○食事の配膳を待ちながら指遊びやお話(紙芝居)をする。 ○おやつと同じ。 ○こぼしても自分で食べようとしている気持を認め、励ます。 ○嫌いなものも一口ずつなじませ、食べられたときは十分ほめ、自信につなげる。 ○食後、手や口の周りを拭き、保育者といっしょに歯磨きをしながら、きれいになった・気持ち良くなったことを体感できるようにする。	"自分で／"と積極的に動き出しても"できない／"と甘えて保育者に手伝ってもらいたがるようすも見られる。
12:30	排せつ 昼寝準備	○布団を敷き、カーテンを引き、室内温度に注意を払い、光や音を和らげ、気温に応じて寝具の調節をし、安眠できる環境を整える。	季節ほか地域によって必ず立案したことを配慮して実践に結びつけたいものです。
12:40	昼 寝	○安心して眠れるように、横で子守歌をうたったり、体をトントンと軽くたたいたり、頭を撫でたりし、呼吸を整える。 ○眠りの浅い子へは、そばに付く(添い寝)などし、不安のないようにし、生活のリズムを整える。	
14:30	目覚め 排せつ 手洗い・消毒	○明るくひとりひとりにことばがけ(おはよう・よく寝たねえ・かしこかった・気持ち良かったネ)をし、気持ち良く目覚められる雰囲気をつくる。 ○寝起きは動作が緩慢なため、ゆっくりとしたテンポで着脱・排せつ・おやつの用意をする。	
15:00	おやつ 降園準備	○午前と同じ。 ○個々の健康観察や表情などを確認し、出席帳(連絡帳)・着替えた衣類など、忘れものがないよう点検し、降園の服装を整える。 ○お迎えの人を確認し、連絡事項を伝えたり、依頼事項を受ける。	"自分のもの"という思いが強くなり、よくわかっている。
16:00	降 園 （延長保育）	○お迎えの順にオムツ交換やオマルでの排せつの介助をする。 ○お迎えの保護者などの対応で目が行き届かないことのないよう、個々の子どもの行動を把握する。 ○お迎えの遅い子が不安にならないように、話しかけやスキンシップに心がける。 ○「さよなら」のあいさつをし、明日も元気に登園するように笑顔で呼びかけをする。	○帰りぎわに機嫌をそこねるようなことがないようにし、"サヨナラ"をする。
19:00		○長時間保育児を担当保育者に必要事項を伝えて託す。	

3歳未満児
その他の記録・参考例

日誌・日々の記録

4 月 6 日 （月） 天候 晴れ　担当

	在籍	出席	欠席	記録・家庭連絡
男	6	6		・入園式。
女	0	0		・入園式終了後、S君、平常保育。
計	6	6		・ゆったりした雰囲気で保育者と1対1でスキンシップを楽しむ。
欠席者氏名・理由				・新入園児及び保護者に対しては、安心できる関係を築くためにも、明るくあいさつを交わし迎える。継続児S君に対しては、いつもと違うお部屋のようすを察しているようだったので、情緒の安定を保つよう、スキンシップを図りながら保育にあたった。

4 月 7 日 （火） 天候 雨　担当

	在籍	出席	欠席	記録・家庭連絡
男	6	6		・ならし保育（S君を除く）。
女	0	0		・お迎え時間を次回授乳時、もしくは離乳食時間の前、約10時～11時ごろまでにと保護者に連絡を取っていたが、全員10～20分遅れでお迎えに来られた。人見知り、場所不安に加え、授乳時、睡眠時間のズレによって、お帰り間際には全員がエーンエーンと泣き、大合唱。N君（7か月）は人見知りもさほどなく、腹這いでよく遊ぶ。S君は初め調子よくひとり遊び、そのうち保育者の相手を見つけては訴えるように泣く。
計	6	6		
欠席者氏名・理由				・新入園児に手がとられ、ついS君の受容が後まわしになってしまった結果と思われる。保育者間の連携がうまくいっていなかったと反省。

4 月 8 日 （水） 天候 晴れ　担当

	在籍	出席	欠席	記録・家庭連絡
男	6	6		・ならし保育（S君を除く）。
女	0	0		・お迎えの時間は本日も11時ごろ。Iさんは都合で11時45分に来られた。登園時に各々の生活リズムを十分把握し、個々の欲求に適切に応じられるようにする。そのかいあってか、降園までの生活が少しずつ落ち着いてきている。T君、M君は保育者に抱っこを訴え、抱くと泣きやむ。そこで乳母車に乗せ、庭を散歩したり、抱いて園庭散歩を順次していると、次々に眠り始め、T君、S君を除く新入園児は20～30分眠った。H君、N君はとても機嫌よく、H君はお迎えが遅いこともあり、ミルクと離乳食を少し食べる（抱っこで）。S君はイスに座って食事をした。
計	6	6		
欠席者氏名・理由				

子どもの姿だけにとどまらず、保育において、このような問いかけを大切に
した、こういう働きかけをしたなど具体的にどうしたかを記入するよう心がけ
たいものです。なお、以下の4種の記録例は、本書の年・月の指導計画とは別
のものになっています。例として参考にしてください。

こういった言葉づかいは
避けたほうが良いでしょう。

トル

4　月　9　日　（木）			天候　晴れのちくもり	担当

	在籍	出席	欠席		
男	6	6	0	記録・家庭連絡	・T君は本日から離乳食を保育室で食べる。とても機嫌良くイスに座り、スプーンで食事。H君、N君も離乳食を食べる（お迎え時間の都合による）。この2人は足しミルクを嫌がるのでミルクは少々にとどめる。 ・M君は午前睡眠後、とても機嫌良く食事中のテーブルに手を伸ばしてきたり、たいへん活発に動き回る（お母さんのお迎えで安定していたのかもしれないが）。そこで明日からM君も離乳食を食べてみることを保護者と相談する。個々が興味をもった物や、情緒の安定につながる接し方などの把握につとめ、担任間で情報交換をしながら生活しているので、機嫌のよい時間が増えてきているように感じる。
女	0	0	0		
計	6	6	0		
欠席者氏名・理由					

4　月　10　日　（金）			天候　くもりのち晴れ	担当

	在籍	出席	欠席		
男	6	6	0	記録・家庭連絡	・T君（1時迎え）、M君（12時）、N君（1時）、H君（1時）、K君（12時）、それぞれ保育時間が延びる。人見知り、場所不安の強いT君、M君も幾分なれてきたようで、T君は興味の引くものを見つければしばらく遊べるし、その後も愛着行動を満足させ、抱っこすると機嫌がなおる。M君も登園後すぐ1回寝し、その後機嫌良く遊んでいる（ベッドの中のほうが落ち着いている）。T君は食事中にお迎えに来る保護者に気をとられ、かなり落ち着かないようすで食事が終わるとすぐ眠りにつき、熟睡する。 ・降園時の保護者入退室の際には、それに対応する保育者と、他の子どもについて安定を欠くことのないよう配慮する保育者との分担が必要。
女	0	0	0		
計	6	6	0		
欠席者氏名・理由					

4　月　11　日　（土）			天候　くもり	担当

	在籍	出席	欠席		
男	6	5	1	記録・家庭連絡	・T君、M君は園庭で砂いじりをして遊び、この2人は保育室の中でも（前日に比べて）探索活動し始める。S君、K君は哺乳ビンの乳首を嫌がり、解凍母乳を無駄にしてしまった。H君は機嫌良くひとり遊び・腹這い・お座りから、腹這い・つかまり立ちなどで喜んでいるが、少し欲求が足りないように思う。外界への興味や欲求を一層満足させるため、優しい呼びかけや歌や音楽に合わせたスキンシップのある遊びをたくさん盛りこんで生活できるようにする環境づくりを早急に話し合う。 ・食事用乳児イス納品される。カバーを作ってもらうよう用務の先生にお願いする。 （※砂いじりの後、着替えをしっかりさせてください。頭の中に砂が残っていることがあります。共通連絡事項）
女	0	0	0		
計	6	5	1		
欠席者氏名・理由					

3歳未満児 その他の記録・参考例
週の個別記録（S君・4月第2週）

目標	新しいお友達と新しい保育者になれる。		
日	6日（月）	7日（火）	8日（水）
健康	36.8℃	36.7℃	36.8℃
生活	AM 7時 8 9 50 登園 　05 オムツかえ 10 45 オムツかえ 　15 ねんね 11 50 オムツかえ 12 ㊝ おかゆ 70g／マカロニサラダ30g／ハム 　35 オムツかえ 1 55 ねんね わかめみそ汁 50g／たしミルク 100cc／番茶 10cc 　15 3 50 オムツかえ リンゴのすりおろし60g／ミルク 180cc 4 40 オムツかえ 5 45 オムツかえ 6 45 降園	AM 7時 8 9 50 登園／オムツかえ 10 11 50 オムツかえ 　20 ㊝ おかゆ 80g／ポトフ 40g／キュウリ キャベツ 20g／ミルク 100cc 12 00 オムツかえ 1 2 　35 オムツかえ 3 05 おやつ ビスケット 2枚（牛乳少々）／ミルク 180cc 4 45 ねんね 　30 降園 6	AM 7時 8 9 40 登園 10 50 オムツかえ 　45 オムツかえ 11 50 ㊝ おかゆ 70g／けんちん汁 60g／ホウレン草 20g／番茶 少々／ミルク 100cc 12 30 ねんね 1 2 30 オムツかえ 3 おやつ ポテト牛乳のばし30g／ミルク 180cc 4 50 オムツかえ 5 55 オムツかえ 　45 降園
食事	食事は全部たいらげる。食欲旺盛。おやつのリンゴのすりおろしをもっと欲しいと泣く。	途中で寝てしまったが、足しミルクを口元へ持っていくと全量飲んだ。おやつはイスに座り、ビスケットを手に持って1枚分食べた。もっと欲しそう。じょうずに口へ運ぶ。	イスに座って食事をする。足しミルクをもっと欲しそうにする。全量。
遊びなど	赤ちゃん体操をすると、~~たいへん~~喜ぶ。また、おいでおいでをすると腹這いで360°方向転換できるようになったので、保育者の姿を探し、向きを変える。目標物（ミルク）を目がけて30cmぐらい前進する。ミルクが手に触れたとき、~~とても~~うれしそうに笑う。お座りで3分ぐらい座ることができる。そばに来て欲しいと泣いて訴える。	新しい友達の中に入って、最初はゆうゆうと腹ばいで遊んでいたが、みんなの泣き声とともに、保育者に相手をしてもらっていても泣き出す。しかし、呼びかけを喜び、機嫌がなおる。おいでおいでと位置を少しずつ遠くに移動すると、バタフライのような格好で前進し、目的物を目指す。	赤ちゃん体操をいろいろ組み合わせ、毎日継続しているためか、両手をつっぱり、上体をグンとそらして前進する。力強さが増してきた。喃語が増えてきたので保育者の受け答え、語りかけを喜んでいる。わざと瞬時黙っていると、「アーアー」と自分から呼びかけてくる。喃語にはつとめて応じ、わかりやすく明確な言葉で接する。

トル

子どもの姿だけでなく、具体的な保育の方法をどうしたかを記入するよう
心がけましょう。

目標			
日	9日（木）	10日（金）	11日（土）
健康	36.7℃	36.1℃	

| 生活 | AM 7時
8
9　50 登園　00 オムツかえ
10
11　50 オムツかえ
⑫ 30
12
1　ねんね
2　50 オムツかえ
3　00 オムツかえ　おやつ
4　50 オムツかえ
5　50 オムツかえ　降園
6 | ・おかゆ 70g
・スパゲティー 40g
・玉子スープ 60g
・番茶 少々
・ミルク 100cc

・わらびもち 50g
・ミルク 180cc | AM 7時
8
9　40 登園
10 オムツかえ
10
10 オムツかえ
11　⑱
12　00
1　ねんね
2
3
10 オムツかえ
4　20 おやつ
5　オムツかえ
45 降園
6 | ・おかゆ 60g
・ホウレン草 20g
・ニンジン 20g
・厚揚げきざみ 30g
・ふ入りみそ汁 30g
・ミルク 100cc

・ハッサク 2袋
・ミルク 180cc | 休園日 |

| 食事 | 全量。
モグモグとじょうずに口を動かしている。スプーンを持ちたがる。
わらびもち（全量）。 | 全量。
ブーブーと吹き出す。
ハッサクは少量ずつモグモグ。 | |
| 遊びなど | 腹ばいで「おいでおいで」をする保育者のところへ来る。ほめて名前を呼ぶととてもうれしそうに笑い、喃語で応える。お友達が持っているガラガラを横取りするかのようにハイハイで取りにくる。保育者が仲立ちとなりながら、「チョーダイ」「どうぞ」と言葉をかけ、他児ともかかわっていくようにする。 | 哺乳ビンを自分で持とうとする意欲が見られる。しばらくのあいだ自分で持っていられる（3分ぐらい）。腹ばいでベランダのほうへ行っては砂を触ろうとする。腹這いでの移動がスムーズになってきたので、探索活動が日増しに活発になってきた。安全をはかりながら興味をほかへそらしたり、気分を変えて満足できるようにする。 | |

61

3歳未満児
その他の記録・参考例

食事の記録
離乳食献立表（8月第3週）

		10日（月）	11日（火）	12日（水）
Y君	ゴックン期（ペースト状）	・おかゆ（つぶし） ・キュウリ（すりおろし） ・ジャガイモ（ペースト）	・おかゆ ・カボチャ（つぶし）	・おかゆ ・ニンジン（ペースト） ・豆腐（1さじ〜）
		果汁	果汁	果汁
K君	ゴックン期〜モグモグ期	・ポトフ（味付けなし） （豚肉スープ、ニンジン、ジャガイモ、タマネギ） ・キュウリ・ニンジン、みじん切り ・ニンジンスティック（ゆがき）のかたゆで ・おかゆ	・うの花（だし汁あんかけとじ） ・ニンジンスティック（ゆがき）かたゆで ・カボチャ ・おかゆ	・豆腐（煮）〔潰さずにスプーンで〕 ・ニンジン（半つぶし） ・キュウリ（みじん切り） ・おかゆ
		リンゴ煮（1/4）	バナナ（みじんぎり）	パンがゆ（スープ煮）
N君	カミカミ期	・クリームシチュー （豚肉・ニンジン・ジャガイモ・タマネギ・小麦粉・バター） ・ツナサラダ（キュウリ・ニンジン） ・一口おにぎり	・うの花のあんかけどんぶり （おから・ニンジン・ゴボウ・油あげ・こんにゃく・ごはん） ・みそ汁（カボチャ・ごま油）	・マカロニサラダ （マカロニ・ニンジン・キュウリ・ハム） ・みそ汁（豆腐・ネギ） ・一口おにぎり
		牛乳 100cc　にゅうめん	牛乳 100cc　バナナ	牛乳 100cc　わらびもち
S君	完成期	・クリームシチュー （豚肉・ニンジン・ジャガイモ・タマネギ・小麦粉・バター） ・ツナサラダ（キュウリ・ニンジン） ・一口おにぎり	・うの花のあんかけどんぶり （おから・ニンジン・ゴボウ・油あげ・こんにゃく・ごはん） ・みそ汁（カボチャ・ごま油）	・マカロニサラダ （マカロニ・ニンジン・キュウリ・ハム） ・みそ汁（豆腐・ネギ） ・一口おにぎり
		牛乳 100cc　にゅうめん	牛乳 100cc　バナナ	牛乳 100cc　わらびもち
M君	完成期	・クリームシチュー （豚肉・ニンジン・ジャガイモ・タマネギ・小麦粉・バター） ・ツナサラダ（キュウリ・ニンジン） ・一口おにぎり	・うの花のあんかけどんぶり （おから・ニンジン・ゴボウ・油あげ・こんにゃく・ごはん） ・みそ汁（カボチャ・ごま油）	・マカロニサラダ （マカロニ・ニンジン・キュウリ・ハム） ・みそ汁（豆腐・ネギ） ・一口おにぎり
		牛乳 100cc　にゅうめん	牛乳 100cc　バナナ	牛乳 100cc　わらびもち

ご家庭でも「いだきます」「ごちそうさまでした」のあいさつをし、スプーンやコップを自分で扱うことに慣れさせましょう。そして家族揃った食卓で、楽しいひとときをお過ごしください。

このような一文とともに保護者に配布してもよいでしょう。

13日（木）	留　意　点
・おかゆ ・ジャガイモ（ペースト） ・豆腐（1さじ～） 果　汁	★授乳の間隔を規則正しくしましょう ・回数を多く与えたり、1日中ダラダラ乳を飲ませていると胃が休まらず、胃腸を悪くします。また空腹感がなかなかあらわれなくなり、生活のリズムが決まらなくなります。 ・今週からタンパク質を取り入れてみました。今は食品そのものの味を覚えるように進めていきます。便や湿疹、体調の変化に注意してください。
・ポトフ（味付けなし） （ニンジン、タマネギ、ジャガイモ） ・キャベツ（煮）みじん切り （ジャコ入り） ・おかゆ リンゴ煮（1/4）	★モグモグトレーニング期に入りました ・自分から食べ物に手を出すようになって、スプーンなど持ちたがるころです。手で持てるものを用意し、手づかみをしっかりさせてあげてください。また、食品をさらに広げるとともに、複合された味も知らせていきましょう。そして、クリーム状のものから、やや形のある柔らかいものを与えていきます。 （味付け・牛乳加入・全卵は9月ごろ満8か月以降から行なう）
・ポトフ（シメジ・エノキ・ニンジン ・タマネギ・ジャガイモ） ・サラダ（キュウリ・ニンジン・キャベツ・サラダ油、酢、塩分） ・一口おにぎり 牛乳 100cc　フルーツポンチ	★歯ぐきでカミカミのリズムがついてきました ・この時期は嫌なものを口から出すようになるので、形や固さに注意し、ドロドログチャグチャはやめましょう。また自分で選ぶことをするようにもなるので盛り付けにも気を配り、手づかみできるようにし、家庭でも園でもしっかりと両手を使って食べられるようにします。コップをじょうずにひとりで持ってお茶を飲むこともできています。この意欲を持続させてあげましょう。
・ポトフ（シメジ・エノキ・ニンジン ・タマネギ・ジャガイモ） ・サラダ（キュウリ・ニンジン・キャベツ・酢・塩分・サラダ油） ・一口おにぎり 牛乳 100cc　フルーツポンチ	★歯ぐきを使ってじょうずに噛むリズムがとれています ・「マンマ」と指さして要求し、イスに座ると食事とわかり、とても喜びます。自分で食べたいものを選び、嫌なものを口から出してしまうころですが、舌ざわりのよいように、固さやなめらかさ、水分の量に気をつけ、バランスの良い食事を心がけましょう。口から出してイヤイヤをしても、"がんばろうね"と意欲が持てるように励ましてあげましょう。
・ポトフ（シメジ・エノキ・ニンジン ・タマネギ・ジャガイモ） ・サラダ（キュウリ・ニンジン・キャベツ・酢・塩分・サラダ油） ・一口おにぎり 牛乳 100cc　フルーツポンチ	★カチカチ歯食べ期（13～15か月）に入りました ・何でも食べられるようになってきましたが、早くも好き嫌いが出てきています。食事に対する集中力は短く、20分ぐらいです。食事中嫌いなものを口から出しても"がんばって食べようね"と励ます姿勢は必要ですが、食事に飽きて意欲のない状態を続けないように注意し、食器や食べ物で遊び始めたら食事を終えましょう。

執筆者一覧

◆編著者

元・名古屋柳城短期大学教授
元・東海学園大学特任教授
岐阜県・誠和幼稚園園長

飯田　和也

元・華頂短期大学非常勤講師
元・龍谷大学短期大学非常勤講師
元・吉田山保育園園長

塩野　マリ

●執筆協力者

京都府亀岡市・社会福祉法人愛嶺福祉会
太田保育園・園長　鈴木格夫

保育士　安井麻喜

元・保育士　和波玖美子

同朋大学社会福祉学部社会福祉学科学科長
こども学専攻専任講師
平野仁美

〈STAFF〉
● 本文レイアウト／クマ造形(株)、太田吉子　● 本文イラスト／コダイラ ヒロミ
● 企画・編集／安藤憲志、成清洋子、安部鷹彦　● 校正／堀田浩之

※本書は、1999年発行『指導計画立案ノート 1歳児の指導計画』に加除し、訂正を加え、
　縮小版にしたものです。

本書のコピー、ス
キャン、デジタル
化等の無断複製
は著作権法上で
の例外を除き禁
じられています。
本書を代行業者
等の第三者に依
頼してスキャンや
デジタル化する
ことは、たとえ個
人や家庭内の利
用であっても著
作権法上認めら
れておりません。

朱書きでわかる！
1歳児の指導計画
ハンドブック

2015年3月　初版発行

編著者　飯田和也・塩野マリ
発行人　岡本 功
発行所　ひかりのくに株式会社
〒543-0001　大阪市天王寺区上本町3-2-14　郵便振替 00920-2-118855　TEL.06-6768-1155
〒175-0082　東京都板橋区高島平6-1-1　郵便振替 00150-0-30666　TEL.03-3979-3112
ホームページアドレス　http://www.hikarinokuni.co.jp
印刷所　図書印刷株式会社

©2015　乱丁、落丁はお取り替えいたします。

Printed in Japan
ISBN978-4-564-60866-7
NDC376　64P　19×15cm